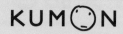

JN050197

いっきに極める

きわ

小学
英語

おさえておきたい
英語のルール②

（過去形・canなど）

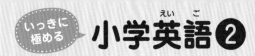

おさえておきたい英語のルール　過去形・can など

▶▶ CONTENTS

この本の特長と使い方

＜ この本の特長 ＞

● 1つのルールごとにていねいに
1回の学習は、1STEP(2ページ)です。「What is 〜？」の文，「What do you 〜？」の文など，1つのルールずつ学んでいくので，小学生でも無理なく取り組むことができます。

● 学んだSTEP（回）を元に，ステップアップ
各STEP(回)では通常，前のSTEPで学んだ英文をしめしています。
すでに学んだ内容を元にすることで，新しい英文とルールがすっきり入ってきます。

● 「音」を大切にした学習
音声を聞くことから始めて，言ってから書く，書いた英語を聞く流れで，英語の学びに大切な「音⇔文字」がむすびついた学習ができます。
音声はアプリで手軽に聞くことができます。

 音声マークがあるところは，音声を聞きましょう。

音声の聞き方

1. 音声アプリ
きくもん アプリ をダウンロード

❶ くもん出版のガイドページにアクセス
❷ 指示にそって，アプリをダウンロード
❸ アプリのトップページで，
『いっきに極める小学英語②
おさえておきたい英語のルール
過去形・can など』を選ぶ

※初回に必要なシリアルコード
9784774331409

＊きくもんアプリは無料ですが，
ネット接続の際の通話料金は別途発生いたします。

2. くもん出版のサイトから，
音声ファイルをダウンロードすることもできます。

STEP 3 疑問詞
What is 〜？

 ❶ 英語と日本語を聞きましょう。英語をまねして言ったあと，□の中の英語をなぞりましょう。【なぞって8点】

Is this a violin?
（これはバイオリンですか。）
−Yes, it is.
（はい，そうです。）

What is this?
何？　　これは？
（これは何ですか。）
− It is a violin.
それは = バイオリン
（それはバイオリンです。）

◆ 「何」，「どこに[で・へ]」，「いつ」，「だれ」など，疑問をあらわすことばを疑問詞といいます。
◆ 「これは何ですか。」とたずねるときは，what「何」を文頭に置きます。
◆ what の後ろはふつうの疑問文と同じ順番で，be 動詞を先に置きます。
◆ 答えるときは It is[It's]〜.「それは〜です。」と答えます。

 ❷ 音声を聞いて，まねして言ったあと，□の中の英語を書きましょう。【1問8点】

(1) What is this ?
何？・これは = （これは何ですか。）

(2) ___ is box?
何？・この箱は = （この箱は何ですか。）

(3) What is that ?
何？・あれは = （あれは何ですか。）

(4) ___ is case?
何？・あのケースは = （あのケースは何ですか。）

● 単語・熟語 what：何／case：ケース

12 疑問詞

単語・熟語
ページの中で新しく出てきた英単語や熟語です。
音声を聞くことができます。

この本では，選択肢となる語句は文頭の語も小文字でしめしています。
また，選択肢中の同じ英語を何度も選ぶことができます。
使わない英語がある場合もあります。

この本では, 小学校で習う英語の文を, ルール (文法項目) ごとに分けて, 学習していきます。
英語のルールを理解しながら学ぶことで, 小学英語で使われる重要な英文を効率よく身につけることができます。

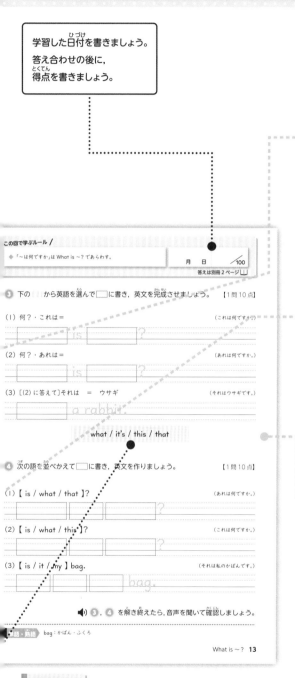

学習した日付を書きましょう。

答え合わせの後に,
得点を書きましょう。

< 1STEP (2ページ) の学習の流れ >

1

**各STEP (回) で学ぶ英文とそのルールを,
音声と説明でつかみます。**

● 新しく学ぶ英文は, 前のSTEPで学んだ英文などとの
違いを比べながら学べるので, 理解がしやすくなります。

● 英文のルールをやさしく説明しています。読むことで,
英文のしくみや重要なことがはっきりします。

2

**例文を「聞く→まねして言う→書く」練習で,
英文が自然と身につきます。**

● 言ってから書くようにしましょう。英文の「音」と「文字」
がむすびつきます。

● 初めて書く英語はうすい字になっています。うすい字は
なぞって練習しましょう。

3 4

学んだルールを使って問題を解き, 理解を深めます。

● 並べかえや空らんをうめる問題など, ルールを考えて
自分で書いて答える問題に取り組みます。

● 初めて書く単語はうすい字になっているので, 覚えて
いなくても問題に取り組めますが, しっかりなぞって
練習しましょう。

● 解き終えたら, 音声を聞いて, 自分の書いた英文が
合っているかを確認しましょう。

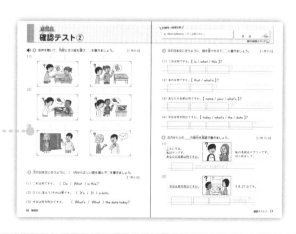

確認テスト

● STEPを2〜3回分学習した後は, 「確認テスト」で,
さまざまな形式の問題に取り組みます。

● まちがえた問題は解き直して, 100点にしましょう。
別冊の解説も読みましょう。
わからない場合は, その確認テストの前のSTEPを
学習し直しましょう。

復習
「～です」（be 動詞）の文

1 英語を声に出して言ったあと，□の中の英語をなぞりましょう。【なぞって8点】

		主語	be 動詞	短くした形
単数 （1人・1つ）	私	I	am	I'm
	あなた	you	are	you're
	彼	he	is	he's
	彼女	she	is	she's
	それ	it	is	it's
	名前	Kota	is	Kota's
複数 （2人・2つ以上）	私たち	we	are	we're
	あなたたち	you	are	you're
	彼ら	they	are	they're

◆ 「～ではありません」は be 動詞の後ろに not を置きます。

◆ 「～ですか」は be 動詞を主語の前に出して，文の最後にクエスチョンマーク〈?〉を置きます。

2 音声を聞いて，まねして言ったあと，□の中の英語を書きましょう。【1問8点】

(1) I'm Akira. ※I'm=I am

私は = アキラ （私はアキラです。）

(2) Meg is my friend.

メグは = 私の友だち （メグは私の友だちです。）

(3) I'm not a student. ※I'm not=I am not

私は ≠ 生徒 （私は生徒ではありません。）

(4) Are you from Hokkaido?

? ・あなたは = 北海道出身 （あなたは北海道出身ですか。）

◆「～です」は be 動詞（am, are, is）であらわす。否定文（「～ではない」の文は be 動詞のあとに not を置く。疑問文（たずねる文）は主語の前に be 動詞を出す。

月　　日　　／100

答えは別冊 1 ページ

3 下の　　から英語を選んで□に書き，英文を完成させましょう。　【1問 10 点】

（1）彼は　＝　たいくつしている　　　　　　　　　　　　　　　　　（彼はたいくつしています。）

bored.

⬆うすい字はなぞりましょう。

（2）？・あの曲　＝　人気がある　　　　　　　　　　　　　　　　　（あの曲は人気がありますか。）

that song popular?

（3）彼女は　≠　教師　　　　　　　　　　　　　　　　　　　　　　（彼女は教師ではありません。）

a teacher.

he / she / am / is / not

この本では，
※同じ英語を選んでもかまいません。
※文頭の語も小文字で示しています。

4 次の語を並べかえて□に書き，英文を作りましょう。　【1問 10 点】

（1）【 are / thirteen / you 】．※文頭の語も小文字で示しています。（あなたは 13 才です。）

（2）【 not / I'm / busy 】．　　　　　　　　　　　　　　（私はいそがしくありません。）

（3）【 you / are / excited 】？　　　　　　　　　　（あなたはわくわくしていますか。）

?

最後の？（クエスチョンマーク）や．（ピリオド）もなぞりましょう。

🔊 **3**，**4** を解き終えたら，音声を聞いて確認しましょう。

単語・熟語 ▸ bored：たいくつしている

復習
「〜します」（一般動詞）の文

🔊 **①** 英語と日本語を聞きましょう。英語をまねして言ったあと，☐の中の英語をなぞりましょう。　　　　　　　　　　　　　　　【なぞって8点】

I play soccer.　　（私はサッカーをします。）

We don't play tennis.

（私たちはテニスをしません。）

Do they play tennis?　　（彼らはテニスをしますか。）

—Yes, they do. / No, they don't.

（はい，します。／いいえ，しません。）

◆ play のように，be 動詞以外の動詞で動作や状態をあらわす動詞を**一般動詞**といいます。
◆ 「〜しません」は一般動詞の前に **don't**（= do not）を置きます。
◆ 「〜しますか」は**主語の前に do を置き**，文の最後にクエスチョンマーク〈**?**〉を置きます。

🔊 **②** 音声を聞いて，まねして言ったあと，☐の中の英語を書きましょう。【1問8点】

(1) I study English hard.

私は・〜を勉強する・英語・一生けんめいに （私は一生けんめいに英語を勉強します。）

(2) We practice baseball.

私たちは・〜を練習する・野球 （私たちは野球を練習します。）

(3) They don't play rugby.

彼らは・〜をしない・ラグビー （彼らはラグビーをしません。）

(4) Do you like apples?

? ・あなたは・〜が好きだ・リンゴ （あなたはリンゴが好きですか。）

単語・熟語 hard：一生けんめいに／ practice：〜を練習する

◆ 「～をする」は一般動詞であらわす。否定文には don't[do not] を使う。疑問文は主語の前に do を置く。

月　　日　　／100

答えは別冊 1 ページ

③ 下の　　から英語を選んで□に書き，英文を完成させましょう。　【1問10点】

（1）私は・行かない・図書館へ　　　　　　　　　　　　　（私は図書館へ行きません。）

I _____ _____ to the library.

（2）私たちは・歩く・公園(の中)で　　　　　　　　　　（私たちは公園を歩きます。）

_____ _____ in the park.

（3）？・あなたは・住んでいる・東京に　　　　　　　（あなたは東京に住んでいますか。）

_____ _____ live in Tokyo?

don't / go / do / you / walk / don't walk / we

④ 次の語を並べかえて□に書き，英文を作りましょう。　【1問10点】

（1）【 I / Japanese / speak 】.　　　　　　　　（私は日本語を話します。）

_____ _____ _____ .

（2）【 ski / do / they 】?　　　　　　　　　　　（彼らはスキーをしますか。）

_____ _____ _____ ?

（3）【 don't / I / eat 】natto.　　　　　　　　（私は納豆を食べません。）

_____ _____ _____ natto.

🔊 ③，④ を解き終えたら，音声を聞いて確認しましょう。

単語・熟語　the：その(日本語に訳さないこともある)

「～します」（一般動詞）の文　9

確認テスト①
かくにん

🔊 **①** 音声を聞いて，内容と合う絵を選び，○を書きましょう。　【1問6点】
ないよう　　　　　　　えら

（1）　　　　　　　〔　　　　〕　　　　　　　　　　　　〔　　　　〕

（2）　　　　　　　〔　　　　〕　　　　　　　　　　　　〔　　　　〕

（3）　　　　　　　〔　　　　〕　　　　　　　　　　　　〔　　　　〕

② 次の日本文に合うように，（　）内から正しい語を選んで○を書きましょう。
つぎ

【1問6点】

（1）彼女は福井出身です。　　She （ am / is ） from Fukui.
かのじょ　ふくいしゅっしん

（2）あなたはおなかがすいていますか。　　（ Are / Is ） you hungry?

（3）あなたはラグビーをしますか。　　（ Do / Are ） you play rugby?

◆ 「〜です」の文／「〜します」の文

月　　日　　／100

答えは別冊 1・2 ページ

3 次の日本文に合うように，下の　　　から英語を選んで□に書き，英文を完成させましょう。　【1問7点】

（1）あなたのお姉さんは学生ですか。

〔　　　〕your sister a student?

（2）あなたは日本語を話しますか。

〔　　　〕〔　　　〕speak Japanese?

（3）私は悲しくありません。

〔　　　〕〔　　　〕sad.

（4）私たちはこのコンピュータを使いません。

〔　　　〕〔　　　〕use this computer.

do / don't / I / I'm / you / we / not / is

4 次の日本文に合うように，語を並べかえて英文を完成させましょう。　【1問9点】

（1）私は図書館へ行きます。【 go / I / to 】the library.

the library.

（2）メアリーはあなたの友だちですか。【 your / Mary / is 】friend?

（3）私たちは6時に夕食を食べます。【 have / we / dinner 】at six.

（4）あなたは英語を毎日勉強しますか。【 you / do / study / English 】every day?

STEP 3

疑問詞
What is ～?

🔊 **1** 英語と日本語を聞きましょう。英語をまねして言ったあと、◻の中の英語をなぞりましょう。　【なぞって8点】

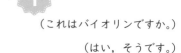

Is this a violin? →STEP 1

（これはバイオリンですか。）

−Yes, it is.

（はい、そうです。）

What is this?

何？　・　これは＝

（これは何ですか。）

− It is a violin.

それは　＝　バイオリン

（それはバイオリンです。）

◆ 「何」、「どこに[で・へ]」、「いつ」、「だれ」など、**疑問をあらわすことば**を疑問詞といいます。

◆ 「これは何ですか。」とたずねるときは、what「何」を文頭に置きます。

◆ what の後ろは**ふつうの疑問文と同じ順番**で、be 動詞を先に置きます。

◆ 答えるときは It is[It's]～.「それは～です。」と答えます。

🔊 **2** 音声を聞いて、まねして言ったあと、◻の中の英語を書きましょう。

【1問8点】

(1) What is this ?

何？・これは＝　　　　（これは何ですか。）

(2) ___ is ___ box?

何？・この箱は＝　　　　（この箱は何ですか。）

(3) What is that ?

何？・あれは＝　　　　（あれは何ですか。）

(4) ___ is ___ case?

何？・あのケースは＝　　　　（あのケースは何ですか。）

単語・熟語 what：何／ case：ケース

12　疑問詞

◆ 「〜は何ですか」は What is 〜? であらわす。

月　日　／100

答えは別冊2ページ

❸ 下の　　　から英語を選んで□に書き，英文を完成させましょう。　【1問10点】

（1）何？・これは ＝　　　　　　　　　　　　　　　　　　　　（これは何ですか。）

	is		？

（2）何？・あれは ＝　　　　　　　　　　　　　　　　　　　　（あれは何ですか。）

	is		？

（3）〔(2) に答えて〕それは　＝　ウサギ　　　　　　　　　　（それはウサギです。）

	a rabbit.

what / it's / this / that

❹ 次の語を並べかえて□に書き，英文を作りましょう。　【1問10点】

（1）【 is / what / that 】?　　　　　　　　　　　　　　　（あれは何ですか。）

			？

（2）【 is / what / this 】?　　　　　　　　　　　　　　　（これは何ですか。）

			？

（3）【 is / it / my 】bag.　　　　　　　　　　　　　　　（それは私のかばんです。）

			bag.

🔊 ❸，❹ を解き終えたら，音声を聞いて確認しましょう。

単語・熟語 bag：かばん・ふくろ

STEP 4

疑問詞（ぎもんし）

名前・日付（ひづけ）をたずねる

🔊 ❶ 英語（えいご）と日本語を聞きましょう。英語をまねして言ったあと，□の中の英語をなぞりましょう。 【なぞって8点】

What's your name?

何？ ・ あなたの名前は＝

（あなたの名前は何ですか。）

What's the date today?

何？ ・ 今日の日付（ひづけ）は＝

（今日は何月何日ですか。）

◆ what is は what's と短く言う（みじか）ことができます。

◆ 名前をたずねる：What's[What is] your name?「あなたの名前は何ですか。」答えるときは My name is ○○ .「私の名前は○○です。」や I am ○○ .「私は○○です。」と答えます。

◆ 今日の日付をたずねる：What's[What is] the date today?「今日は何月何日ですか。」答えるときは It's January 1st.「1月1日です。」などと It's（月名）（日にち）で答えます。

🔊 ❷ 音声を聞いて，まねして言ったあと，□の中の英語を書きましょう。

【1問8点】

I'm Yuto.

(1) What is your name?

何？・あなたの名前は＝ （あなたの名前は何ですか。）

(2) What's your name?

何？・あなたの名前は＝ （あなたの名前は何ですか。）

(3) the date today?

何？・今日の日付は＝ （今日は何月何日ですか。）

(4) the date today?

何？・今日の日付は＝ （今日は何月何日ですか。）

単語・熟語（じゅくご） name：名前／ date：日付／ today：今日（は）／ January：1月

◆ 名前をたずねるときは What is your name?, 今日の日付をたずね
るときは What is the date today? という。

月　日　　／100

答えは別冊2ページ

❸ 下の ▨▨▨ から英語を選んで □ に書き，英文を完成させましょう。　【1問10点】

（1）何？・あれは ＝　　　　　　　　　　　　　　　　　　　　　　（あれは何ですか。）

that?

（2）何？・あなたの名前は ＝　　　　　　　　　　　　　　　　　　（あなたの名前は何ですか。）

your name?

（3）何？・今日の日付は ＝　　　　　　　　　　　　　　　　　　　（今日は何月何日ですか。）

the date today?

what / what's / is / are

❹ 次の語を並べかえて □ に書き，英文を作りましょう。　【1問10点】

（1）【 this / what's 】?　　　　　　　　　　　　　　　　　　　　（これは何ですか。）

?

（2）【 your / name / what's 】?　　　　　　　　　　　　　　　（あなたの名前は何ですか。）

?

（3）【 today / what's / the / date 】?　　　　　　　　　　　（今日は何月何日ですか。）

?

🔊 ❸ , ❹ を解き終えたら，音声を聞いて確認しましょう。

確認テスト②

🔊 ① 音声を聞いて，内容と合う絵を選び，○を書きましょう。　　　　【1問8点】

(1)　　　　　　　　〔　　　〕　　　　　　　　　　　　〔　　　〕

(2)　　　　　　　　〔　　　〕　　　　　　　　　　　　〔　　　〕

(3)　　　　　　　　〔　　　〕　　　　　　　　　　　　〔　　　〕

② 次の日本文に合うように，（　）内から正しい語を選んで○を書きましょう。

【1問8点】

(1) これは何ですか。　　（　Do　/　What　）is this?

(2) 〔(1)に答えて〕それは琴です。　　（　It's　/　It　）a koto.

(3) 今日は何月何日ですか。　　（　What's　/　What　）the date today?

◆ What is[What's] ～?「～は何ですか。」

月　　日　　／100

答えは別冊2ページ

❸ 次の日本文に合うように，語を並べかえて□に書きましょう。　【1問8点】

（1）これは何ですか。【 is / what / this 】?

（2）あれは何ですか。【 that / what's 】?

（3）あなたの名前は何ですか。【 name / your / what's 】?

（4）今日は何月何日ですか。【 today / what's / the / date 】?

❹ 次のせりふの___の部分を英語で書きましょう。　【1問10点】

（1）

こんにちは。
私はケンです。
あなたの名前は何ですか。

私の名前はメアリーです。
はじめまして。

your name?

（2）

今日は何月何日ですか。

5月27日です。

today?

What … is[are] ～?

🔊 ① 英語と日本語を聞きましょう。英語をまねして言ったあと，□の中の英語をなぞりましょう。 【なぞって8点】

What is this？ →STEP 3 （これは何ですか。）
－It's a violin. （それはバイオリンです。）

| What | country | are you from？ |

何の　　　　　国？　・　　　あなたの出身は ＝

（あなたの出身はどこの国ですか。）

－I'm from Spain. （私の出身はスペインです。）

◆ what の後ろにものをあらわすことばを置いて，「何の・どんな～？」とたずねる文です。

◆ What …の後ろは，ふつうの疑問文の順番です。

🔊 ② 音声を聞いて，まねして言ったあと，□の中の英語を書きましょう。
【1問8点】

(1)

| What | country | are you from？ |

何の　国？・あなたの出身は ＝　　（あなたの出身はどこの国ですか。）

(2)

| | animal | is this？ |

何の　動物？・これは ＝　　　（これはどんな動物ですか。）

(3)

| | sport | is that？ |

何の　スポーツ？・あれは ＝　　（あれはどんなスポーツですか。）

(4)

| | color | is your bag？ |

何の　色？・あなたのかばんは ＝　（あなたのかばんはどんな色ですか。）

単語・熟語　what：何の・どんな／ country：国／ Spain：スペイン／ sport：スポーツ

◆ 「～は何の…ですか。」は What … is[are] ～? であらわす。

月　　　日　　　／100

答えは別冊 2・3 ページ

❸ 下の　　　から英語を選んで□に書き，英文を完成させましょう。

【1問10点】

（1）何の色？・これは＝　　　　　　　　　　　　　　　　　　　　（これはどんな色ですか。）

is this?

（2）何の国？・あなたの出身は＝　　　　　　　　　　　　　　（あなたの出身はどこの国ですか。）

are you from?

（3）何のスポーツ？・それは＝　　　　　　　　　　　　　　　（それはどんなスポーツですか。）

is it?

what / what's / country / sport / color

❹ 次の語句を並べかえて□に書き，英文を作りましょう。　　　【1問10点】

（1）【 that / is / what flower 】?　　　　　　　　　　　　　　　（あれはどんな花ですか。）

?

（2）【 is / this / what drink 】?　　　　　　　　　　　　　　（これはどんな飲み物ですか。）

?

（3）【 they / are / what / birds 】?　　　　　　　　　　　　　（それらはどんな鳥ですか。）

?

🔊 ❸, ❹ を解き終えたら，音声を聞いて確認しましょう。

▌単語・熟語〉 flower：花／ drink：飲み物

What … is[are] ～?　**19**

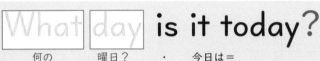

STEP 6 疑問詞 曜日・時刻をたずねる

◆))) **1** 英語と日本語を聞きましょう。英語をまねして言ったあと，□の中の英語をなぞりましょう。　　　　　　　　　　　　　　　　【なぞって8点】

What	day	is it today?
何の	曜日？	・　今日は＝

（今日は何曜日ですか。）

What	time	is it now?
何の	時刻？	・　今は＝

（今，何時ですか。）

◆ 曜日をたずねるときは **What day is it (today)?** といいます。答えるときは **It's[It is]** Monday (today). 「（今日は）月曜日です。」などといいます。

◆ 時刻をたずねるときは **What time is it (now)?** といいます。答えるときは **It's[It is]** seven thirty (now). 「（今は）7時30分です。」などといいます。

◆ これらの it は全て，「それは」とは訳さないので注意しましょう。

◆))) **2** 音声を聞いて，まねして言ったあと，□の中の英語を書きましょう。

【1問8点】

(1)
What	day	is it?
何の	曜日？	

（何曜日ですか。）

(2)
		is it today?
何の	曜日？	・　今日は＝

（今日は何曜日ですか。）

(3)
What	time	is it?
何の	時刻？	

（何時ですか。）

(4)
		is it now?
何の	時刻？	・今は＝

（今，何時ですか。）

単語・熟語 day：曜日／ time：時刻／ now：今／ Monday：月曜日／ thirty：30（の）

＼ この回で学ぶルール ／

◆ 曜日をたずねるときは What day is it?，時刻をたずねるときは
What time is it? という。

月　　日　　／100

答えは別冊3ページ

③ 下の　　　から英語を選んで□に書き，英文を完成させましょう。

【1問10点】

（1）何の曜日？・今日は＝　　　　　　　　　　　　　　　　　　　　（今日は何曜日ですか。）

is it today?

（2）何の時刻？・今は＝　　　　　　　　　　　　　　　　　　　　　（今，何時ですか。）

is it now?

（3）〔(2)に答えて〕(it)　＝　6時　　　　　　　　　　　　　　　　（6時です。）

six o'clock.

what / day / time / it's / are / am

④ 次の語を並べかえて□に書き，英文を作りましょう。　　　【1問10点】

（1）【 is / it / what / time 】?　　　　　　　　　　　　　　　（何時ですか。）

?

（2）【 it / is / what / day 】today?　　　　　　　　　　　　（今日は何曜日ですか。）

today?

（3）〔(2)に答えて〕【 is / it / Sunday 】.　　　　　　　　　　　（日曜日です。）

🔊）③，④ を解き終えたら，音声を聞いて確認しましょう。

単語・熟語 〜 o'clock：〜時（ちょうど）

曜日・時刻をたずねる　**21**

確認テスト③

🔊 ❶ 音声を聞いて，内容と合う絵を選び，○を書きましょう。　【1問8点】

（1）　　　　〔　　　〕　　　　　　　　〔　　　〕

（2）　　　　〔　　　〕　　　　　　　　〔　　　〕

（3）　　　　〔　　　〕　　　　　　　　〔　　　〕

❷ 次の日本文に合うように，（　）内から正しい語を選んで○を書きましょう。
【1問8点】

（1）それはどんな飲み物ですか。　（ What / Do ）drink is it?

（2）あれはどんなスポーツですか。　（ What / What's ）sport is that?

（3）それらはどんな動物ですか。　What animals（ are / is ）they?

◆ What … is[are] ～?「～は何の…ですか。」
曜日・時刻をたずねる表現

月　　日　／100

答えは別冊 3 ページ

❸ 次の日本文に合うように，語を並べかえて□□に書きましょう。　【1問 8 点】

（1）これはどんな花ですか。【 is / flower / this / what 】?

（2）〔(1) に答えて〕それはゆりです。【 a / it's 】lily.

lily.

（3）それはどんな色ですか。【 color / it / what / is 】?

（4）それらはどんな動物ですか。【 what / are / animals / they 】?

❹ 次の絵を見て，男の子の答えを，下の□□から選んで書きましょう。　【1問 10 点】

（1）

What day is it today?

（2）

What time is it now?

It's eleven thirty.
It is Sunday.

疑問詞
What do you ～?

🔊 **①** 英語と日本語を聞きましょう。英語をまねして言ったあと，▢の中の英語をなぞりましょう。 【なぞって8点】

Do you want apples? →STEP2
（あなたはリンゴがほしいですか。）

-Yes, I do.
（はい，ほしいです。）

What do you want?
何？ ・ あなたは ・ ～がほしい

（あなたは何がほしいですか。）

– I want apples.
（私はリンゴがほしいです。）

◆ What の後ろには **do you ～?** と疑問文の語順がきます。

◆ **What do you want to be?** で，「あなたは何になりたいですか？」とたずねることができます。

🔊 **②** 音声を聞いて，まねして言ったあと，▢の中の英語を書きましょう。

【1問8点】

(1) # What do you want?
何？・あなたは・～がほしい　　　（あなたは何がほしいですか。）

(2) # like?
何？・あなたは・～が好きだ　　　（あなたは何が好きですか。）

(3) # want to be?
何？・あなたは・～になりたい　　　（あなたは何になりたいですか。）

(4) # do you ?
何？・あなたは・～になりたい　　　（あなたは何になりたいですか。）

単語・熟語 want to be ～：～になりたい

◆ 「あなたは何を〜しますか。」とたずねるときは，What do you 〜？
であらわす。

月　　日　　／100

答えは別冊 3 ページ

❸ 下の ▨▨▨▨ から英語を選んで □ に書き，英文を完成させましょう。　【1問10点】

（1）何？・あなたは・〜が大好きだ　　　　　　　　　　（あなたは何が大好きですか。）

☐☐☐☐☐☐☐☐ do ☐☐☐☐☐☐ love?

（2）何？・あなたは・〜を食べる　　　　　　　　　　　（あなたは何を食べますか。）

What ☐☐☐☐ you ☐☐☐☐ ?

（3）何？・あなたは・〜になりたい　　　　　　　　　　（あなたは何になりたいですか。）

What do you ☐☐☐☐☐☐ to be?

eat / do / what / you / want

❹ 次の語を並べかえて □ に書き，英文を作りましょう。　【1問10点】

（1）【 you / what / make / do 】?　　　　　　　　　　（あなたは何を作りますか。）

☐☐☐☐ ☐☐☐☐ ☐☐☐☐ ☐☐☐☐ ?

（2）【 want / do / what / you 】?　　　　　　　　　　（あなたは何がほしいですか。）

☐☐☐☐ ☐☐☐☐ ☐☐☐☐ ☐☐☐☐ ?

（3）What do【 want / be / to / you 】?　　　　　　　（あなたは何になりたいですか。）

What do ☐☐☐☐ ☐☐☐☐ ☐☐☐☐ ☐☐☐☐ ?

🔊 ❸ , ❹ を解き終えたら，音声を聞いて確認しましょう。

▎単語・熟語　love：〜が大好きだ

疑問詞
What … do you ～?

🔊 **1** 英語と日本語を聞きましょう。英語をまねして言ったあと，☐の中の英語をなぞりましょう。　　　　　　　　　　　　　　　　　　　【なぞって8点】

What do you like? → STEP 7
（あなたは何が好きですか。）
– I like animals.
（私は動物が好きです。）

What	animal	**do you like?**
何の動物？	・	あなたは　・　～が好きだ

（あなたはどんな動物が好きですか。）

– I like dogs.
（私は犬が好きです。）

◆ 「何の・どんな～」とたずねるときは，What の後ろにものをあらわす語を置きます。

◆ **What time do you～?** で「あなたは何時に～しますか。」とたずねることができます。

🔊 **2** 音声を聞いて，まねして言ったあと，☐の中の英語を書きましょう。

【1問8点】

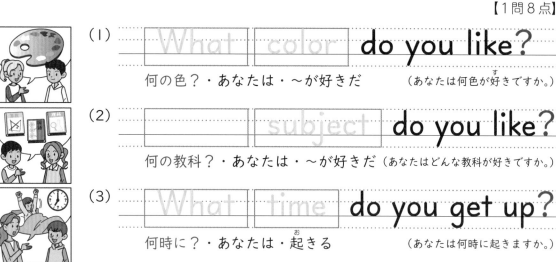

(1) | What | color | **do you like?** |

何の色？・あなたは・～が好きだ　　　（あなたは何色が好きですか。）

(2) | | subject | **do you like?** |

何の教科？・あなたは・～が好きだ（あなたはどんな教科が好きですか。）

(3) | What | time | **do you get up?** |

何時に？・あなたは・起きる　　　（あなたは何時に起きますか。）

(4) | | | **do you eat breakfast?** |

何時に？・あなたは・～を食べる・朝食
（あなたは何時に朝食を食べますか。）

単語・熟語 color：色／ subject：教科

❸ 下の　　　から英語を選んで□に書き，英文を完成させましょう。　【1問10点】

(1) 何の食べ物？・あなたは・〜が好きだ　　　（あなたはどんな食べ物が好きですか。）

do you like?

(2) 何時に？・あなたは・〜を食べる・夕食　　　（あなたは何時に夕食を食べますか。）

do you eat dinner?

(3) 何のスポーツ？・あなたは・〜をする　　　（あなたはどんなスポーツをしますか。）

do you ... ?

time / play / food / what / sport

❹ 次の語を並べかえて□に書き，英文を作りましょう。　【1問10点】

(1) 【 have / do / animal / what / you 】?　　（あなたはどんな動物を飼っていますか。）

?

(2) 【 you / subject / study / do / what 】?　　（あなたはどんな教科を勉強しますか。）

?

(3) 【 do / what / you / time 】 eat lunch?　　（あなたは何時に昼食を食べますか。）

eat lunch?

🔊 ❸, ❹ を解き終えたら，音声を聞いて確認しましょう。

🔊 ❶ 音声を聞いて，内容と合う絵を選び，○を書きましょう。　　　【1問7点】

（1）　　　　　〔　　　　　〕　　　　　　　　　　〔　　　　　〕

（2）　　　　　〔　　　　　〕　　　　　　　　　　〔　　　　　〕

（3）　　　　　〔　　　　　〕　　　　　　　　　　〔　　　　　〕

❷ 次の日本文に合うように，（　）内から正しい語（句）を選んで○を書きましょう。

【1問7点】

（1）あなたは何を食べますか。　（ What / What is ）do you eat?

（2）あなたは何色が好きですか。　（ What's color / What color ）do you like?

（3）あなたは何になりたいですか。　What do you （ want / want to be ）?

◆ What (＋ものをあらわす語) do you ～?
「あなたは何(の…)を～しますか。」

月　日　／100

答えは別冊4ページ

❸ 次の日本文に合うように，下の ▓▓ から英語を選んで □ に書き，英文を完成させましょう。　　　　【1問8点】

(1) あなたは何を作りますか。

| | | you make? |

(2) あなたは何時に起きますか。

| | | do you get up? |

(3) あなたは何になりたいですか。

What do you | | to | | ?

(4) あなたはどんなスポーツをしますか。

| | | do you play? |

be / sport / make / want / do / you / time / what

❹ 次のせりふの＿＿の部分を英語で書きましょう。　　　　【1問13点】

(1)

あなたはどんな教科
(subject) が好きですか。

私は社会科が好きです。

| | | | | ? |

(2)

あなたは何時にねますか。

私は10時にねます。

| | | | go to bed? |

疑問詞
Where is[are] ～?

🔊 ① 英語と日本語を聞きましょう。英語をまねして言ったあと，□の中の英語をなぞりましょう。　【なぞって8点】

Where are you?
どこに？　・　いる　・　あなたは　　　　　（あなたはどこにいますか。）

–In the kitchen.
（キッチンにいます。）

Where is the station?
どこに？　・　ある　・　その駅は

（その駅はどこにありますか。）

–In the town center. （町の中心にあります。）

◆ where は「どこに[へ，で]」の意味で，**場所をたずねる役割**をします。
◆ 「～はどこにいますか・ありますか。」とたずねるときは，Where の後ろは**ふつうの疑問文の順番と同じ**で，be動詞を先に置きます。
◆ 答えるときは，場所をあらわす語の前に in や at などを置いて「～にいます・あります。」といいます。
◆ Where is は Where's と短くして使うことができます。

🔊 ② 音声を聞いて，まねして言ったあと，□の中の英語を書きましょう。【1問8点】

(1) Where is she?
どこに？・いる・彼女は　　　　　　　（彼女はどこにいますか。）

(2) _____ are you?
どこに？・いる・あなたは　　　　　　（あなたはどこにいますか。）

(3) _____ is the zoo?
どこに？・ある・その動物園は　　　（その動物園はどこにありますか。）

(4) _____ _____ the museum?
どこに？・ある・その博物館は　　　（その博物館はどこにありますか。）

単語・熟語 where：どこに[へ・で]／ station：駅／ center：中心／ zoo：動物園

◆「〜はどこにいますか・ありますか。」とたずねるときは、
　Where is[are] 〜? であらわす。

| 月 | 日 | ／100 |

答えは別冊4ページ

❸ 下の ▨▨ から英語を選んで □ に書き，英文を完成させましょう。　【1問10点】

(1) どこに？・いる・メアリーは　　　　　　　　　　　　（メアリーはどこにいますか。）

| | is Mary?

(2) どこに？・いる・あなたたちは　　　　　　　　　　　（あなたたちはどこにいますか。）

| | | you?

(3) どこに？・ある・そのレストランは　　　　　　　　　（そのレストランはどこにありますか。）

| | | the restaurant?

(4) どこに？・ある・その公園は　　　　　　　　　　　　（その公園はどこにありますか。）

| | | the park?

are / is / where

❹ 次の日本文に合うように，（　）内から正しい語を選んで○を書きましょう。

【1問5点】

(1) あなたはどこにいますか。　Where （ do / are ） you?

(2) その郵便局はどこにありますか。　（ Where / What ） is the post office?

(3) 佐々木先生はどこにいますか。　Where （ is / are ） Mr. Sasaki?

(4) その生徒たちはどこにいますか。　Where （ is / are ） the students?

🔊 ❸, ❹ を解き終えたら，音声を聞いて確認しましょう。

単語・熟語 post office：郵便局

疑問詞
Where do you ～?

🔊 ① 英語と日本語を聞きましょう。英語をまねして言ったあと，□の中の英語
をなぞりましょう。　　　　　　　　　　　　　　　【なぞって8点】

Where do you play soccer?
どこで？　・　あなたは　・　～をする　・　サッカー

（あなたはどこでサッカーをしますか。）

－ I play soccer in the park.

（私は公園でサッカーをします。）

◆ Where do you ～? で「あなたはどこで[に・へ]～しますか。」という意味になります。
◆ Where do you want to ～? は「あなたはどこで[に・へ]～したいですか。」とたずねる文です。want to ＋一般動詞で「～したい」という意味になります。

🔊 ② 音声を聞いて，まねして言ったあと，□の中の英語を書きましょう。
【1問8点】

(1) Where do you live?
どこに？・あなたは・住んでいる　（あなたはどこに住んでいますか。）

(2) ＿＿ do you practice soccer?
どこで？・あなたは・～を練習する・サッカー
（あなたはどこでサッカーを練習しますか。）

(3) ＿＿ ＿＿ ＿＿ eat lunch?
どこで？・あなたは・～を食べる・昼食
（あなたはどこで昼食を食べますか。）

(4) ＿＿ do you want to go?
どこに？・あなたは・行きたい　（あなたはどこに行きたいですか。）

単語・熟語　want to：～したい

◆ 「あなたはどこで[に，へ]〜しますか。」とたずねるときは，
Where do you 〜? であらわす。

月　　日　　／100

答えは別冊4ページ

❸ 下の　　　から英語を選んで□に書き，英文を完成させましょう。　【1問10点】

（1）どこで？・あなたは・〜を読む・本　　　　　　　（あなたはどこで本を読みますか。）

| | | you read a book? |

（2）私は・〜を読む・本・私の部屋で　　　　　（私は私の部屋で本を読みます。）

I | | a book | | my room.

（3）どこに？・あなたは・行きたい　　　　　（あなたはどこに行きたいですか。）

| | do you | | go?

in / want / read / where / to / do

❹ 次の語を並べかえて□に書き，英文を作りましょう。　【1問10点】

（1）【 go / do / you / where 】?　　　　（あなたはどこに行きますか。）

| | | | ?

（2）【 do / you / where / play 】the guitar?　　（あなたはどこでギターをひきますか。）

| | | | the guitar?

（3）【 practice / you / where / do 】?　　（あなたはどこで練習しますか。）

| | | | ?

🔊 ❸，❹ を解き終えたら，音声を聞いて確認しましょう。

 ① 音声を聞いて，(　)内から正しい語(句)を選んで○を書きましょう。【1問4点】

(1) Where (　do　/　are　) you?

(2) (　Where　/　Where is　) do you go?

(3) (　Where do　/　Where is　) Taro?

(4) Where do you (　want　/　want to　) go?

(5) Where (　do　/　are　) you play soccer?

(6) Where (　do　/　are　) Becky and Mary?

(7) (　Where　/　Where is　) do you want to eat lunch?

(8) (　Where　/　Where is　) the zoo?

(9) Where (　are　/　do　) you read a book?

(10) (　Where do　/　Where are　) you live?

(11) (　Where　/　Where are　) is the museum?

(12) (　Where　/　Where is　) the station?

◆ Where is[are] ~?「~はどこにいますか・ありますか。」/
Where do you ~?「あなたはどこで [に・へ] ~しますか。」

月　日　　／100

答えは別冊 4・5 ページ

❷ 次の日本文に合うように，下の から英語を選んで□に書き，英文を完成させましょう。　　　　　　　　　　　　　　　　　　　　【1問6点】

（1）そのレストランはどこにありますか。

		the restaurant?

（2）あなたはどこに行きたいですか。

Where do you _____ to go?

（3）あなたはどこにいますか。

Where _____ you?

（4）トムはどこにいますか。

Where _____ Tom?

（5）あなたはどこでギターをひきますか。

Where _____ you _____ the guitar?

play / want / where / to / do / are / is

❸ 次の絵に合う英文を，下の□から選んで書きましょう。　【1問11点】

（1）

| | | | | ? |

— I live in Okinawa.

（2）

| | | | | ? |

— They are in my room.

Where are your brothers?　/　Where do you live?

疑問詞
When is ～?

◀)) ① 英語と日本語を聞きましょう。英語をまねして言ったあと，□の中の英語をなぞりましょう。 【なぞって8点】

When is your birthday?
いつ？ ・ あなたの誕生日は＝

（あなたの誕生日はいつですか。）

－ It's May 10th.

（5月10日です。）

◆ when は「いつ」の意味で，時をたずねる役割をします。

◆ 「～はいつですか。」とたずねるときは，When の後ろはふつうの疑問文と同じ順番で be 動詞を先に置きます。

◆ 答えるときは，It's ～. で，～には January 5th「1月5日」などの日付や tomorrow（明日）などの時をあらわす語がきます。

◀)) ② 音声を聞いて，まねして言ったあと，□の中の英語を書きましょう。【1問8点】

（1）When is the concert?
いつ？ ・ コンサートは＝ （コンサートはいつですか。）

（2） the field trip?
いつ？ ・ 遠足は＝ （遠足はいつですか。）

（3） the school festival?
いつ？ ・ 文化祭は＝ （文化祭はいつですか。）

（4） the school trip?
いつ？ ・ 修学旅行は＝ （修学旅行はいつですか。）

単語・熟語 when：いつ／ birthday：誕生日／ May：5月／ concert：コンサート／ field trip：遠足 school festival：文化祭／ school trip：修学旅行

◆ 「～はいつですか。」とたずねるときは，When is ～？であらわす。

月　　日　　／100

答えは別冊5ページ

❸　下の　　から英語を選んで□に書き，英文を完成させましょう。　【1問10点】

（1）いつ？・運動会は ＝　　　　　　　　　　　　　　　　　　　　（運動会はいつですか。）

| | is sports day?

（2）いつ？・スピーチコンテストは ＝　　　　　　　　　（スピーチコンテストはいつですか。）

| | | the speech contest?

（3）〔(1)に答えて〕それは ＝ 10月21日　　　　　　　　　　　　　（10月21日です。）

| | | October 21st.

is / when / it

❹　次の語を並べかえて□に書き，英文を作りましょう。　【1問10点】

（1）【 is / when / the / concert 】?　　　　　　　　　　　　（コンサートはいつですか。）

| | | | | ?

（2）【 the / field / trip / is / when 】?　　　　　　　　　　　（遠足はいつですか。）

| | | | | | ?

（3）【 your / when / birthday / is 】?　　　　　　　　　　（あなたの誕生日はいつですか。）

| | | | | ?

🔊 ❸, ❹ を解き終えたら, 音声を聞いて確認しましょう。

単語・熟語　sports day：運動会／ October：10月

疑問詞
Who is[are] 〜?

🔊 ① 英語と日本語を聞きましょう。英語をまねして言ったあと，□の中の英語をなぞりましょう。【なぞって8点】

Who are they?

だれ？ ・ 彼らは＝

（彼らはだれですか。）

- They are my family.

（彼らは私の家族です。）

◆ who は「だれ」の意味で，**人物をたずねる役割**をします。

◆「〜はだれですか。」とたずねるときは，Who の後ろはふつう疑問文と同じ順番です。be 動詞のあとに代名詞や人物をあらわす語を置きます。

◆ Who is は Who's と短くして使うことができます。[フーズ]と発音します。

🔊 ② 音声を聞いて，まねして言ったあと，□の中の英語を書きましょう。【1問8点】

(1) Who is that?

だれ？・あちらは＝　　　　　　　　　　　　　（あちらはだれですか。）

(2) he?

だれ？・彼は＝　　　　　　　　　　　　　　　（彼はだれですか。）

(3) that woman?

だれ？・あの女性は＝　　　　　　　　　　　　（あの女性はだれですか。）

(4) these men?

だれ？・これらの男性たちは＝　　　　　（これらの男性たちはだれですか。）

単語・熟語 who：だれ／ family：家族／ woman：女性／ these：これらの（this の複数形）

◆ 「～はだれですか。」とたずねるときは，Who is[are] ～？であらわす。

月　　日　　／100

答えは別冊 5 ページ

③ 下の　　　から英語を選んで□に書き，英文を完成させましょう。　【1問 10 点】

（1）だれ？・あの女の子は ＝　　　　　　　　　　　　　　　（あの女の子はだれですか。）

that girl?

（2）だれ？・あれらの男の子たち ＝　　　　　　　　　　　（あれらの男の子たちはだれですか。）

those boys?

（3）〔(2)に答えて〕彼らは ＝ 私の友だち　　　　　　　　　（彼らは私の友だちです。）

my friends.

are / is / who / they

④ 次の語を並べかえて□に書き，英文を作りましょう。　【1問 10 点】

（1）【 boy / who / that / is 】?　　　　　　　　　　　（あの男の子はだれですか。）

?

（2）【 that / who / woman / is 】?　　　　　　　　　（あの女性はだれですか。）

?

（3）【 they / are / who 】?　　　　　　　　　　　　（彼女たちはだれですか。）

?

🔊 ③ , ④ を解き終えたら，音声を聞いて確認しましょう。

▌**単語・熟語**▷ those：あれらの（that の複数形）

確認テスト⑥

🔊 ❶ 音声を聞いて，内容と合う絵を選び，○を書きましょう。 【1問6点】

(1) 〔　　　〕　　　　　　　　　　〔　　　〕

(2) 〔　　　〕　　　　　　　　　　〔　　　〕

(3) 〔　　　〕　　　　　　　　　　〔　　　〕

❷ 次の日本文に合うように，（　）内から正しい語(句)を選んで○を書きましょう。

【1問6点】

(1) あなたの誕生日はいつですか。　（ When / When is ）your birthday?

(2) あの男性はだれですか。　（ Who / Who are ）is that man?

(3) 遠足はいつですか。　（ When / Who ）is the field trip?

❸ 次の日本文に合うように，下の■■■から英語を選んで□に書き，英文を完成させましょう。　【1問 6 点】

（1）スピーチコンテストはいつですか。

the speech contest?

（2）あの女性はだれですか。

that woman?

（3）学芸会はいつですか。

the drama festival?

（4）彼はだれですか。

?

is / who / when / he

❹ 次のせりふの___の部分を英語で書きましょう。　【1問 20 点】

（1）

この女の子(girl)はだれですか。

彼女は私の妹です。

?

（2）

そのコンサートはいつですか。

来週の土曜日です。

the concert?

STEP 13 疑問詞 How is[are] 〜?

🔊 **①** 英語と日本語を聞きましょう。英語をまねして言ったあと，□の中の英語をなぞりましょう。【なぞって 4 点】

How is the weather?
どう？ ・ 天気は＝
（天気はどうですか。）

–It's cloudy.
（くもりです。）

How are you?
どんな様子で？ ・ あなたは＝
（あなたの調子はどうですか。）

–I'm fine.
（私は元気です。）

◆ how は「どう」，「どんな様子で」の意味で，ものや人物などの状態をたずねる役割をします。

◆「〜はどうですか。」とたずねるときは，How の後ろはふつう疑問文と同じ順番で、先にbe動詞を置きます。

◆ How is は How's と短くして使うことができます。[ハウズ]と発音します。

🔊 **②** 音声を聞いて，まねして言ったあと，□の中の英語を書きましょう。【1問 8 点】

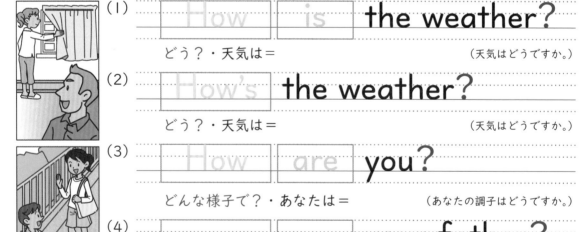

(1) How is the weather?
どう？・天気は＝
（天気はどうですか。）

(2) How's the weather?
どう？・天気は＝
（天気はどうですか。）

(3) How are you?
どんな様子で？・あなたは＝
（あなたの調子はどうですか。）

(4) ___ ___ your father?
どんな様子で？・あなたのお父さんは＝ （あなたのお父さんの調子はどうですか。）

単語・熟語 how：どう・どんな様子で／ weather：天気／ fine：元気な

42 疑問詞

◆ 「〜はどうですか。」とたずねるときは, How is[are] 〜? であらわす。

月　日　　／100

答えは別冊6ページ

❸ 下の　　から英語を選んで□に書き, 英文を完成させましょう。　　【1問8点】

（1）どんな様子で？・あなたは＝　　　　　　　　　　　　（あなたの調子はどうですか。）

you?

（2）どう？・天気は＝　　　　　　　　　　　　　　　　　（天気はどうですか。）

the weather?

（3）どんな様子で？・あなたのお母さんは＝　　　　　（あなたのお母さんの調子はどうですか。）

your mother?

（4）〔(3)に答えて〕彼女は　＝　元気な　　　　　　　　　（彼女は元気です。）

She ___ fine.

are / how's / is / how / an

❹ 次の日本文に合うように, （　）内から正しい語を選んで○を書きましょう。

【1問8点】

（1）トムの調子はどうですか。　（ How / What ）is Tom?

（2）佐藤先生の英語の授業はどうですか。
　　　　　　　　（ How / How's ）is Mr. Sato's English class?

（3）あなたの調子はどうですか。　How（ are / do ）you?

（4）天気はどうですか。　（ How / How's ）the weather?

🔊 ❸, ❹ を解き終えたら, 音声を聞いて確認しましょう。

単語・熟語　class：授業

疑問詞
How do you ～?

🔊 ① 英語と日本語を聞きましょう。英語をまねして言ったあと，□の中の英語をなぞりましょう。　【なぞって 8 点】

How do you go to the station?
どうやって？ ・ あなたは ・ 行く ・ 駅に

（あなたはどうやって駅に行きますか。）

–By bus.

（バスで行きます。）

◆ how は「どうやって」の意味で，**物事をどうやってするのかをたずねる役割**をします。

◆ 「あなたはどうやって～しますか。」とたずねるときは，How の後ろに do you ～? と疑問文の語順がきます。

◆ 答えるときは，交通手段の場合は by ～「～で」といいます。

🔊 ② 音声を聞いて，まねして言ったあと，□の中の英語を書きましょう。【1問 8 点】

(1)  How do you go to school?
どうやって？・あなたは・～に行く・学校
（あなたはどうやって学校に行きますか。）

(2) you study English?
どうやって？・あなたは・～を勉強する・英語
（あなたはどうやって英語を勉強しますか。）

(3) you check the weather?
どうやって？・あなたは・～を調べる・天気
（あなたはどうやって天気を調べますか。）

(4) eat your egg?
どうやって？・あなたは・～を食べる・卵
（あなたはどうやって卵を食べますか。）

単語・熟語　how：どうやって／ check ～：～を調べる

◆「あなたはどうやって〜しますか。」とたずねるときは，
How do you 〜? であらわす。

月　日　／100

答えは別冊6ページ

❸ 下の　　　から英語を選んで□に書き，英文を完成させましょう。　【1問8点】

(1) どうやって？・あなたは・〜を作る・カレーライス
（あなたはどうやってカレーライスを作りますか。）

　　　　　　do you cook curry and rice?

(2) どうやって？・あなたは・〜に着く・動物園
（あなたはどうやって動物園に来ますか。）

　　　　　　　　　get to the zoo?

(3)〔(2)に答えて〕私は・〜に着く・動物園・バスで
（私はバスで動物園に来ます。）

I get to the zoo　　　　bus.

you / how / do / by

❹ 次の語を並べかえて□に書き，英文を作りましょう。　【1問12点】

(1)【 you / how / do / make】the cake?　（あなたはどうやってそのケーキを作りますか。）

the cake?

(2)【 you / do / go / how 】to school?　（あなたはどうやって学校へ行きますか。）

to school?

(3)【 study / do / how / you 】English?　（あなたはどうやって英語を勉強しますか。）

English?

🔊 ❸, ❹ を解き終えたら，音声を聞いて確認しましょう。

単語・熟語　cook：料理する，（料理・食事）を作る／curry and rice：カレーライス
get to 〜：〜に着く／cake：ケーキ

🔊 ❶ 音声を聞いて,（　）内から正しい語(句)を選んで○を書きましょう。【1問5点】

(1) How （ is / does ） the weather?

(2) How （ are / do ） you go to school?

(3) （ What / How ） are you?

(4) （ Where / How ） is the cake?

(5) （ How / What ） do you make the cake?

(6) （ How's / How ） the curry and rice?

(7) （ How's / How ） do you study English?

(8) （ How / What ） is the weather?

(9) How （ is / does ） the pizza?

(10) （ How / How do ） you go to the station?

(11) （ How's / How ） are you?

(12) （ How / How is ） do you eat an egg?

＼STEP13・14のまとめ／

◆ How is[are] ～?「～はどうですか。」
How do you～?「あなたはどうやって～しますか。」

月　　日　　／100

答えは別冊6ページ

② 次の日本文に合うように，（　）内から正しい語(句)を選んで○を書きましょう。

【1問4点】

（1）あなたはどうやって動物園へ行きますか。

（ How / How's ）do you go to the zoo?

（2）このピザはどうですか。　　（ What is / How is ）this pizza?

（3）あなたはどうやって英語を勉強しますか。

（ Where / How ）do you study English?

（4）このオレンジはどうですか。　How（ is / does ）this orange?

（5）あなたはどうやって学校へ行きますか。

（ How / How do ）you go to school?

③ 次のせりふの___の部分を英語で書きましょう。　　　　【1問10点】

（1）

あなたのお父さんの調子はどうですか。

彼は元気です。

（2）

あなたはどうやってサッカーを練習しますか。

友だちといっしょに練習します。

practice soccer?

疑問詞
How much ~? / How many ~?

🔊 **①** 英語と日本語を聞きましょう。英語をまねして言ったあと，□の中の英語をなぞりましょう。　　　　　　　　　　　　　　　　　　　　　　【なぞって8点】

How much is it?
いくら？　・　それは＝　　　　　　　　　　　（それはいくらですか。）

−It's 1,000 yen.　　　　　　（それは1,000円です。）

How many pencils do you have?
何本のえんぴつ？　・　あなたは ・〜を持っている

（あなたは何本のえんぴつを持っていますか。）

−I have five pencils.
（私は5本のえんぴつを持っています。）

◆ **how much** は「どのくらい」の意味で，**量**をたずねたり「いくら」と**値段**をたずねたりします。
◆ **how many** は「いくつの」の意味で，**数**をたずねます。後ろにくる語は，**複数形**（2人[2つ]以上の形）になります。

🔊 **②** 音声を聞いて，まねして言ったあと，□の中の英語を書きましょう。【1問8点】

(1) How much is this pen?
いくら？・このペンは＝　　　　　　　　　　（このペンはいくらですか。）

(2) How many books do you have?
何冊の本？・あなたは・〜を持っている（あなたは何冊の本を持っていますか。）

(3) 　　　　　　　　　　is this bag?
いくら？・このかばんは＝　　　　　　　　　（このかばんはいくらですか。）

(4) 　　　　　　　　　　apples do you want?
いくつのリンゴ？・あなたは・〜がほしい
（あなたはいくつのリンゴがほしいですか。）

単語・熟語 how much：どのくらい，いくら／how many：いくつの

❸ 下の ▨▨▨ から英語を選んで □ に書き，英文を完成させましょう。　【1問10点】

（1）いくら？・この本は＝　　　　　　　　　　　　　　　（この本はいくらですか。）

is this book?

（2）何びきの犬？・あなたは・～を飼っている　　　（あなたは何びきの犬を飼っていますか。）

do you have?

（3）いくら？・このカップは＝　　　　　　　　　　　（このカップはいくらですか。）

this cup?

dogs / is / much / how / many

❹ 次の語を並べかえて □ に書き，英文を作りましょう。　【1問10点】

（1）【 much / how / is / this 】?　　　　　　　　（これはいくらですか。）

?

（2）【 many / how / books / do 】you have?　　（あなたは何冊の本を持っていますか。）

you have?

（3）【 that / is / much / how 】cap?　　　　　（あのぼうしはいくらですか。）

cap?

🔊 ❸，❹ を解き終えたら，音声を聞いて確認しましょう。

Why do you ～?

🔊 **1** 英語と日本語を聞きましょう。英語をまねして言ったあと，□ の中の英語をなぞりましょう。　【なぞって8点】

Why do you like Italy?

なぜ？ ・ あなたは ・ ～が好きだ・イタリア

（なぜあなたはイタリアが好きなのですか。）

–I like Italian food.

（私はイタリアの食べ物が好きなのです。）

◆ why は「なぜ」の意味で，物事の理由や原因をたずねる役割をします。

◆ 「なぜあなたは～するのですか。」とたずねるときは，Why の後ろに do you ～？と疑問文の語順がきます。

🔊 **2** 音声を聞いて，まねして言ったあと，□ の中の英語を書きましょう。【1問8点】

(1) Why do you like cats?

なぜ？・あなたは・～が好き・ネコ　（なぜあなたはネコが好きなのですか。）

(2) you study?

なぜ？・あなたは・勉強する　　　（なぜあなたは勉強するのですか。）

(3) Why go to Italy?

なぜ？・あなたは・行く・イタリアに

（なぜあなたはイタリアに行くのですか。）

(4) like Tokyo?

なぜ？・あなたは・～が好きだ・東京

（なぜあなたは東京が好きなのですか。）

単語・熟語　why：なぜ／ Italy：イタリア／ Italian：イタリアの

◆ 「なぜあなたは〜するのですか。」とたずねるときは，
Why do you 〜? であらわす。

月　　日　　／100

答えは別冊7ページ

❸ 下の　　　から英語を選んで□に書き，英文を完成させましょう。　【1問10点】

（1）なぜ？・あなたは・〜が好きだ・この歌　　　　（なぜあなたはこの歌が好きなのですか。）

☐☐　☐　you like this song?

（2）なぜ？・あなたは・泳ぎたい　　　　（なぜあなたは泳ぎたいのですか。）

☐☐　do you want to swim?

（3）なぜ？・あなたは・スキーをしたい　　　　（なぜあなたはスキーをしたいのですか。）

☐☐　do ☐☐　want ☐☐　ski?

to / do / why / you

❹ 次の語を並べかえて□に書き，英文を作りましょう。　【1問10点】

（1）【 want / do / you / why 】to visit Peru?　（なぜあなたはペルーを訪れたいのですか。）

☐☐　☐☐　☐☐　to visit Peru?

（2）【 do / like / you / why 】summer?　　　　（なぜあなたは夏が好きなのですか。）

☐☐　☐☐　☐☐　summer?

（3）【 want / do / why / you 】it?　　　　（なぜあなたはそれがほしいのですか。）

☐☐　☐☐　☐☐　☐☐　it?

🔊 ❸, ❹ を解き終えたら，音声を聞いて確認しましょう。

単語・熟語 Peru：ペルー

確認テスト⑧

🔊 ① 音声を聞いて，内容と合う絵を選び，○を書きましょう。　　【1問6点】

(1)　　　〔　　　〕　　　　　　　　　　〔　　　〕

(2)　　　〔　　　〕　　　　　　　　　　〔　　　〕

(3)　　　〔　　　〕　　　　　　　　　　〔　　　〕

② 次の日本文に合うように，（　）内から正しい語(句)を選んで○を書きましょう。
【1問6点】

(1) あなたは何本のペンを持っていますか。

How many (pen / pens) do you have?

(2) このリンゴはいくらですか。　How (much / many) is this apple?

(3) なぜあなたはケーキを作りたいのですか。

Why (do you / do you want to) make a cake?

◆ How much ～?「どれくらい～。」, How many ～?「いくつの～。」/
Why do you ～?「なぜあなたは～するのですか。」

月　　日　　／100

答えは別冊7ページ

❸ 次の日本文に合うように，下の░░░から英語を選んで□に書き，英文を完成させましょう。　　　　　　　　　　　　　　　　　　　　　　【1問6点】

（1）この自転車はいくらですか。

is this bike?

（2）なぜあなたは夏が好きなのですか。

like summer?

（3）なぜあなたはペルーを訪れたいのですか。

	do you			visit Peru?

（4）あなたは何びきのネコを飼っていますか。

cats do you have?

much / to / why / how / you / do / want / many

❹ 次の絵に合う英文を，下の□から選んで書きましょう。　　　　　　【1問20点】

（1） ....

　　— I want six.

（2） ....

　　— I run in the park.

Why do you get up early?
How many oranges do you want?

確認テスト⑧　**53**

まとめテスト（1）

🔊 **1** 音声を聞いて，（ ）内から正しい語(句)を選んで○を書きましょう。

【1問5点】

(1) （ What / What is) that? — It is a library.

(2) What (time / day) is it today? — It is Monday.

(3) （ What's / What) subject do you like? — I like English.

(4) （ Where / Where is) do you play soccer? — I play soccer in the park.

(5) （ What / When) time is it? — It's ten o'clock.

(6) （ Who / Where) is that? — She is Mary.

2 次の日本文に合うように，下の ▨▨ から英語を選んで □ に書き，英文を完成させましょう。

【1問6点】

(1) あなたはどうやって駅へ行きますか。

[   ] do you go to the station?

(2) なぜあなたはイタリアが好きなのですか。

[   ] do you like Italy?

(3) これはいくらですか。

[   ] much is this?

(4) そのケーキはどうですか。

[   ] is the cake?

what / who / when / how / where / why

❸ 次の日本文に合うように，語を並べかえて□に書き，英文を完成させましょう。
【1問7点】

（1）あなたの出身はどこの国ですか。【 are / country / what / you / from 】?

?

（2）あなたは何本のペンを持っていますか。【 pens / many / do / how 】you have?

you have?

（3）あの少年はだれですか。【 boy / that / who / is 】?

?

（4）なぜあなたは算数が好きなのですか。【 like / do / why / you 】math?

math?

❹ 次のせりふの___の部分を英語で書きましょう。
【1問9点】

（1）

あなたの誕生日はいつで
すか。

2月2日です。

birthday?

（2）

あなたはどうやって学校
に行きますか。

私はバスで学校に行
きます。

to school?

「〜しました」の文
I played tennis last Sunday.

🔊 **1** 英語と日本語を聞きましょう。 英語をまねして言ったあと，□の中の英語をなぞりましょう。
【なぞって8点】

I play tennis every day.

私は ・ 〜をする ・ テニス ・ 毎日

（私は毎日テニスをします。）

I played tennis last Sunday.

私は ・ 〜をした ・ テニス ・ この前の日曜日

（私はこの前の日曜日にテニスをしました。）

◆ 「私は〜しました。」というときは，多くの場合，一般動詞の最後に **ed** をつけます。

🔊 **2** 音声を聞いて，まねして言ったあと，□の中の英語を書きましょう。【1問8点】

(1) **I helped** Mary today.

私は ・ 〜を手伝った ・ メアリー ・ 今日 （私は今日メアリーを手伝いました。）

(2) **enjoyed** the game.

私は ・ 〜を楽しんだ ・ その試合 （私はその試合を楽しみました。）

(3) **talked** with Tom yesterday.

私は ・ 話した ・ トムと ・ 昨日 （私は昨日トムと話しました。）

(4) baseball last Saturday.

私は ・ 〜をした ・ 野球 ・ この前の土曜日

（私はこの前の土曜日に野球をしました。）

単語・熟語 last：この前の／enjoy：〜を楽しむ／yesterday：昨日／Saturday：土曜日

◆「～しました」というときは，一般動詞の最後に ed をつける。

月　　日　　／100

答えは別冊 7・8 ページ 📖

❸ 次の文を日本文に合うように書きかえるとき，□に正しい英語を書き，英文を完成させましょう。　【1問 10 点】

（1）私はこの前の日曜日に私の部屋をそうじしました。

I clean my room.

my room last Sunday.

（2）私は今日音楽を聞きました。

I listen to music.

to music today.

（3）私はこの前の土曜日にピアノをひきました。

I play the piano.

the piano last Saturday.

❹ 次の語を並べかえて□に書き，英文を作りましょう。動詞は日本語に合うように形を変えましょう。　【1問 10 点】

（1）【 I / watch / TV 】today.　　　（私は今日テレビを見ました。）

today.

（2）【 soccer / play / I 】last Sunday.　　（私はこの前の日曜日にサッカーをしました。）

last Sunday.

（3）【 my / father / I / help 】today.　　（私は今日父を手伝いました。）

today.

🔊 ❸，❹ を解き終えたら，音声を聞いて確認しましょう。

「〜しました」の文
過去をあらわす表現

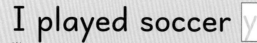

🔊 **1** 英語と日本語を聞きましょう。 英語をまねして言ったあと， ☐の中の英語をなぞりましょう。 【なぞって8点】

I played soccer yesterday.

私は ・ 〜をした ・ サッカー ・ 昨日

（私は昨日サッカーをしました。）

Last year, I visited Tokyo.

昨年 ・ 私は ・ 〜を訪れた ・ 東京

（私は昨年東京を訪れました。）

◆ 過去について話すとき，文の初めや最後に時をあらわす語句を置くことができます。文の初めに置くときは，語句の後ろにカンマ〈,〉を置くことが多いです。

◆ last は「この前の〜」という意味で，後ろには year や month などの時をあらわす語や，曜日や月や季節などを置きます。last year は「昨年，去年」，last month は「先月」という意味です。

🔊 **2** 音声を聞いて，まねして言ったあと， ☐の中の英語を書きましょう。【1問8点】

(1) **I played baseball yesterday.**

私は ・ 〜をした ・ 野球 ・ 昨日　　　（私は昨日野球をしました。）

(2) **I visited Tom last month.**

私は ・ 〜を訪ねた ・ トム ・ 先月　　　（私は先月トムを訪ねました。）

(3) **＿＿＿＿＿, I talked with Mary.**

昨日 ・ 私は ・ 話した ・ メアリーと　　（私は昨日メアリーと話しました。）

(4) **Last Saturday, I played the piano.**

この前の土曜日 ・ 私は ・ 〜をひいた ・ ピアノ　（この前の土曜日に私はピアノをひきました。）

単語・熟語 year：年／ last year：昨年・去年／ month：月／ last month：先月

◆ 過去をあらわす語(句)は文の初めか最後に置く。

月　日　／100

答えは別冊 8 ページ

③ 下の　　から英語を選んで□に書き，英文を完成させましょう。　【1問 10 点】

（1）この前の日曜日・私は・～を訪ねた・タク　　（この前の日曜日に私はタクを訪ねました。）

, I visited Taku.

（2）私は・～をした・テニス・トムと・先月　　（私は先月トムとテニスをしました。）

I played tennis with Tom

.

（3）私は・～を見た・テレビ・私の父と・昨日　　（私は昨日父とテレビを見ました。）

I watched TV with my father

.

month / yesterday / last / Sunday

④ 次の語を並べかえて□に書き，英文を作りましょう。　【1問 10 点】

（1）【 I / soccer / played 】yesterday.　　（私は昨日サッカーをしました。）

yesterday.

（2）I【 last / guitar / the / played 】Friday. （私はこの前の金曜日にギターをひきました。）

I

Friday.

（3）I【 last / Mary / summer / visited 】. （私はこの前の夏にメアリーを訪ねました。）

I

🔊 ③, ④ を解き終えたら，音声を聞いて確認しましょう。

単語・熟語 ▶ Friday：金曜日

確認テスト⑨

🔊 ❶ 音声を聞いて，内容と合う絵を選び，○を書きましょう。　【1問5点】

(1)　　　　　　　　〔　　　　〕　　　　　　　　　　　　〔　　　　〕

(2)　　　　　　　　〔　　　　〕　　　　　　　　　　　　〔　　　　〕

(3)　　　　　　　　〔　　　　〕　　　　　　　　　　　　〔　　　　〕

❷ 次の日本文に合うように，（　）内から正しい語(句)を選んで○を書きましょう。

【1問5点】

(1) 私は母を手伝いました。　　I (help / helped) my mother.

(2) 私は先月トムとテニスをしました。

I played tennis with Tom (last month / yesterday).

(3) 私は昨年東京を訪れました。　Last year, I (visit / visited) Tokyo.

◆ 「私は〜しました。」／過去をあらわす表現

月　日　／100

答えは別冊8ページ

❸ 次の日本文に合うように，下の ▨▨▨ から英語を選んで □ に書き，英文を完成させましょう。　　　　　　　　　　　　　　　　　　　　【1問10点】

（1）私は先月その映画を見ました。

<u>I watched the movie</u> ☐☐ ｜ ☐☐ .

（2）私は昨日私の部屋をそうじしました。

<u>I cleaned my room</u> ☐☐ .

（3）私は昨年大阪を訪れました。

<u>I visited Osaka</u> ☐ ｜ ☐ .

（4）私はこの前の金曜日にサッカーをしました。

<u>I played soccer</u> ☐ ｜ ☐ .

month / Friday / year / last / yesterday

❹ 次のせりふの＿＿の部分を英語で書きましょう。　　【1問15点】

（1）

あなたは東京に行ったことがありますか。

はい，あります。
<u>私は先月東京を訪れました。</u>

☐ ｜ ☐ ｜ Tokyo ｜ ☐ ｜ ☐ .

（2）

あなたはこの前の日曜日に何をしましたか。

<u>私はこの前の日曜日に野球をしました。</u>

☐ ｜ ☐ ｜ baseball ｜ ☐ ｜ ☐ .

「〜しました」の文
You [He/She/We/They] watched TV.

🔊 **1** 英語と日本語を聞きましょう。英語をまねして言ったあと，☐の中の英語
をなぞりましょう。 【なぞって6点】

You watched TV.
あなたは ・ 〜を見た ・ テレビ （あなたはテレビを見ました。）

He watched TV.
彼は ・ 〜を見た ・ テレビ （彼はテレビを見ました。）

◆ 「〜しました」と，過去にしたことについていうとき，I「私」以外 (You「あなた (たち)」,
He「彼」, She「彼女」, We「私たち」, They「彼ら」) が主語の場合も，一般動詞の最後に
ed をつけてあらわします。主語に関係なく，動詞の形はすべて同じです。

🔊 **2** 音声を聞いて，まねして言ったあと，☐の中の英語を書きましょう。
【1問8点】

(1) You played the guitar with me.
あなたは・〜ひいた・ギター・私と （あなたは私とギターをひきました。）

(2) He looked at the picture.
彼は・見た・その絵を （彼はその絵を見ました。）

(3) We cleaned our classroom.
私たちは・〜をそうじした・私たちの教室 （私たちは教室をそうじしました。）

(4) They washed their car.
彼らは・〜を洗った・彼らの車 （彼らは車を洗いました。）

単語・熟語 look at：〜を見る

◆ 過去の文の動詞の形は，主語が I 以外でも，主語が I のときと変わらない。

月　　日　　　／100

答えは別冊8ページ

❸ 次の日本文に合うように，下の　　　から英語を選んで□に書き，英文を完成させましょう。　　　　　　　　　　　　　　　　　　　　　　　　　　　　　　【1問8点】

（1）あなたは私とテニスをしました。

You play tennis with me.

You _____ tennis with me.

（2）メアリーは昨晩テレビを見ました。

Mary watches TV every night.

Mary _____ TV last night.

（3）私たちは私たちの教室をそうじしました。

We clean our classroom.

We _____ our classroom.

（4）ジョンとトムは私を手伝いました。

John and Tom help me.

John and Tom _____ me.

watched / helps / watch / played / clean / helped / cleaned / play

❹ 次の日本文に合うように，（　）内から正しい語を選んで○を書きましょう。

【1問10点】

（1）彼は彼の部屋をそうじしました。　　He (cleans / cleaned) his room.

（2）彼らはその絵を見ました。　　They (look / looked) at the picture.

（3）あなたはトムを訪ねました。　　You (visit / visited) Tom.

🔊 ❸, ❹ を解き終えたら，音声を聞いて確認しましょう。

単語・熟語 night：夜・晩

「〜しました」の文
さまざまな過去形の作り方①

🔊 ❶ 英語と日本語を聞きましょう。英語をまねして言ったあと，□の中の英語をなぞりましょう。　【なぞって8点】

You practiced the piano.

あなたは　・　〜を練習した　・　ピアノ

（あなたはピアノを練習しました。）

We studied math.

私たちは　・　〜を勉強した　・　算数

（私たちは算数を勉強しました。）

◆ practice や use や live など，**e** で終わる一般動詞を過去形にするときは，動詞の最後に **d** だけをつけます。practice は practice**d**，use は use**d**，live は live**d** となります。

◆ study や try などは，最後の **y を i に変えて ed** をつけます。study は stud**ied**，try は tr**ied** となります。

🔊 ❷ 音声を聞いて，まねして言ったあと，□の中の英語を書きましょう。【1問8点】

(1) John and Tom lived in Canada.

ジョンとトムは・住んでいた・カナダに　（ジョンとトムはカナダに住んでいました。）

(2) She learned about Japanese culture.

彼女は・学んだ・日本の文化について　（彼女は日本の文化について学びました。）

(3) We liked the cake.

私たちは・〜が気に入った・そのケーキ　（私たちはそのケーキが気に入りました。）

(4) You loved your dog.

あなたは・〜が大好きだった・あなたの犬　（あなたはあなたの犬が大好きでした。）

■ 単語・熟語　Canada：カナダ／ learn：（〜を）学ぶ／ about：〜について／ culture：文化

◆ 動詞を過去形にするときは, e で終わる動詞の後ろには d をつける。
y で終わる動詞は y を i に変えて ed をつけるものがある。

月　　日　　　/100

答えは別冊9ページ

3 次の動詞を「〜しました」の意味になるように, それぞれのルールにしたがって, 過去形に変えて書きましょう。　　　　　【1問10点】

（1）d をつける

live ⇨ [　　　　　], use ⇨ [　　　　　]

（2）y を i に変えて ed をつける

study ⇨ [　　　　　], try ⇨ [　　　　　]

4 次の日本文に合うように,（　）内から正しい語を選んで○を書きましょう。
【1問8点】

（1）メアリーはそのコンピュータを使いました。

Mary （ used / uses ） the computer.

（2）トムとジョンは日本語を勉強しました。

Tom and John （ study / studied ） Japanese.

（3）私たちはその花が気に入りました。

We （ like / liked ） the flowers.

（4）彼らは日本に住んでいました。

They （ lived / live ） in Japan.

（5）彼女はそのぼうしがほしかったです。

She （ wanted / wants ） the hat.

🔊 **3**, **4** を解き終えたら, 音声を聞いて確認しましょう。

🔊 **1** 音声を聞いて，（　）内から正しい語を選んで○を書きましょう。　【1問5点】

(1) Tom （ listens / listened ） to music.

(2) They （ play / played ） basketball.

(3) We （ watch / watched ） TV.

(4) Mary （ talked / talks ） with John.

(5) You （ studied / study ） math yesterday.

(6) They （ try / tried ） Japanese food.

(7) We （ looked / look ） at the picture.

(8) We （ practice / practiced ） the guitar last Sunday.

(9) Tom （ uses / used ） the computer.

(10) He （ helped / helps ） his mother.

(11) You （ visit / visited ） Tokyo last year.

(12) My father （ washes / washed ） his car.

◆「あなた(たち)/ 彼 / 彼女 / 私たち / 彼らは〜しました。」
さまざまな過去形の作り方①

月　　日　　／100

答えは別冊9ページ

❷ (　　)内の語を正しい形にして□の中に書き，日本文に合う英文を完成させましょう。　　　　　　　　　　　　　　　　　　　　　　　【1問5点】

(1) 彼らはテニスを練習しました。

　　They 　　　　　　　　tennis.　(practice)

(2) 彼は彼の部屋をそうじしました。

　　He 　　　　　his room.　(clean)

(3) 彼女はあの車を洗いました。

　　She 　　　　　that car.　(wash)

(4) 彼らは日本について学びました。

　　They 　　　　　about Japan.　(learn)

❸ 次のせりふの___の部分を英語で書きましょう。　　　　　【1問10点】

(1)

あなたたちは昨日何を勉強しましたか。

私たちは理科を勉強しました。

　　　　　　　　　　science.

(2)

彼はだれを手伝いましたか。

彼は私を手伝いました。

　　　　　　　　　　me.

「〜しました」の文
さまざまな過去形の作り方②

🔊 **1** 英語と日本語を聞きましょう。英語をまねして言ったあと，□の中の英語をなぞりましょう。　【なぞって8点】

I went **to Tokyo yesterday.**

私は・〜に行った　・　東京　・　昨日

（私は昨日東京へ行きました。）

Taku ate **an egg today.**

タクは　・　〜を食べた　・　卵　　今日

（タクは今日，卵を食べました。）

◆ 一般動詞の過去形には，（edやdをつけたりiedにしたりするのではなく，）**不規則に変化する**ものがあります。例えば，goの過去形は**went**，eatの過去形は**ate**，seeの過去形は**saw**，comeの過去形は**came**になります。

◆ 不規則変化をする動詞の中には，過去形になっても**もとの形と変わらないもの**もあります。例えば，readの過去形は**read**，putの過去形は**put**です。

🔊 **2** 音声を聞いて，まねして言ったあと，□の中の英語を書きましょう。【1問8点】

(1) **We** went **to Osaka last month.**

私たちは・行った・大阪に・先月　（私たちは先月大阪に行きました。）

(2) **I** ate **curry this morning.**

私は・〜を食べた・カレー・今朝　（私は今朝カレーを食べました。）

(3) **Tom** saw **you yesterday.**

トムは・〜を見た・あなた・昨日　（トムは昨日あなたを見ました。）

(4) **You** came **to Japan ten years ago.**

あなたは・来た・日本に・10年前に　（あなたは10年前に日本に来ました。）

単語・熟語 went：goの過去形／ate：eatの過去形／see：（〜を）見る・〜に会う／saw：seeの過去形
come：来る／came：comeの過去形／put：〜を置く／this morning：今朝／ago：〜前に

◆ 動詞の過去形には，不規則に変化するものもある。

月　日　／100

答えは別冊 9 ページ

❸ （　　）内の語を正しい形にして□の中に書き，日本文に合う英文を完成させましょう。　【1問10点】

（1）私は先月パンダを見ました。

I _____ a panda last month.　（ **see** ）

（2）あなたは昨日私の家にやって来ました。

You _____ to my house yesterday.　（ **come** ）

（3）メアリーは昨年東京へ行きました。

Mary _____ to Tokyo last year.　（ **go** ）

❹ 次の語を並べかえて□に書き，英文を作りましょう。動詞は日本語に合うように形を変えましょう。　【1問10点】

（1）【 come / to / we 】Japan last week.　（私たちは先週日本に来ました。）

_____ _____ _____ Japan last week.

（2）【 to / go / I 】the park today.　（私は今日公園へ行きました。）

_____ _____ _____ the park today.

（3）【 eat / natto / Mary 】today.　（メアリーは今日納豆を食べました。）

_____ _____ _____ today.

🔊 ❸, ❹ を解き終えたら,音声を聞いて確認しましょう。

単語・熟語 week：週

「〜しました」の文
動詞の現在形と過去形

🔊 ① 音声を聞いてまねして言ったあと，英語をなぞりましょう。 【1問3点】

最後が ed, d, ied になる動詞		
もとの形		過去形
play	遊ぶ	(1) played
visit	〜を訪れる	(2) visited
help	〜手伝う・助ける	(3) helped
clean	〜をそうじする	(4) cleaned
listen	〜を聞く	(5) listened
wash	〜を洗う	(6) washed
watch	〜を見る	(7) watched
learn	〜を学ぶ	(8) learned
like	〜が好きだ	(9) liked
love	〜が大好きだ	(10) loved
practice	〜を練習する	(11) practiced
study	勉強する	(12) studied
try	〜を試す	(13) tried
不規則変化する動詞		
もとの形		過去形
go	行く	(14) went
come	来る	(15) came
eat	〜を食べる	(16) ate
see	〜を見る	(17) saw

◆ 文の内容によって，動詞の現在形と過去形を使い分ける。

月　日　　/100

答えは別冊9・10ページ

2 次の日本文に合うように，下の　　から英語を選んで□に書き，英文を完成さ
せましょう。
【1問7点】

（1）私は・〜をひく・ピアノ・毎日　　　　　　　　　（私は毎日ピアノをひきます。）

I _____ the piano every day.

（2）私たちは・〜をした・サッカー・昨日　　　　　　（私たちは昨日サッカーをしました。）

We _____ soccer yesterday.

（3）メアリーは・〜をひいた・ギター・今日　　　　　（メアリーは今日ギターをひきました。）

Mary _____ the guitar today.

played / plays / play

3 次の日本文に合うように，（　）内から正しい語を選んで○を書きましょう。
【1問7点】

（1）私は今日公園へ行きました。　　I (go / went) to the park today.

（2）あなたはいつもトムを手伝います。　　You always (help / helped) Tom.

（3）ジョンはしばしば私の家に来ました。　　John often (comes / came) to my house.

（4）彼女は昨日理科を勉強しました。　　She (studied / studies) science yesterday.

🔊 **2**，**3** を解き終えたら，音声を聞いて確認しましょう。

単語・熟語 always：いつも／often：しばしば

動詞の現在形と過去形　**71**

◀)) ❶ 音声を聞いて，内容（ないよう）と合う絵（えら）を選び，○を書きましょう。　　【1問6点】

（1）　　　　　　〔　　　　〕　　　　　　　　　　　〔　　　　〕

（2）　　　　　　〔　　　　〕　　　　　　　　　　　〔　　　　〕

（3）　　　　　　〔　　　　〕　　　　　　　　　　　〔　　　　〕

❷ 次（つぎ）の日本文に合うように，（　）内から正しい語を選んで○を書きましょう。

【1問6点】

（1）あなたは昨日（きのう）納豆（なっとう）を食べました。　　You（ eat / ate ）*natto* yesterday.

（2）ジョンは日本語を勉強（べんきょう）します。　　John（ studies / studied ）Japanese.

（3）私（わたし）たちは先月大阪（おおさか）を訪（おとず）れました。　　We（ visit / visited ）Osaka last month.

◆ さまざまな過去形の作り方②／動詞の現在形と過去形

月　　日　　／100

答えは別冊 10 ページ

❸ 次の日本文に合うように，下の ▨▨▨ から英語を選んで □ に書き，英文を完成させましょう。同じ英語を選ぶことはできません。　【1問7点】

（1）あなたは昨日メアリーと話しました。

You [　　　　] with Mary yesterday.

（2）私たちは毎日バスケットボールを練習します。

We [　　　　　　] basketball every day.

（3）私はしばしばジョンと話します。

I often [　　　　] with John.

（4）私は今日ピアノを練習しました。

I [　　　　　] the piano today.

talk / talked / practice / practiced

❹ 次のせりふの___の部分を英語で書きましょう。　【1問 18 点】

（1）

あなたは朝食を食べましたか。

はい。
私は 7 時に朝食を食べました。

[　][　　] breakfast at seven.

（2）

あなたはいつ日本に来ましたか。

私は昨年，日本に来ました。

[　][　　] to Japan last year.

「〜でした」の文
I was 〜.

🔊 ① 英語と日本語を聞きましょう。英語をまねして言ったあと，▢の中の英語
をなぞりましょう。　　　　　　　　　　　　　　　　　　　　　　【なぞって6点】

I am a teacher.

私は　＝　教師　　　　　　　　　　　　　　　　　　　　　（私は教師です。）

I was a teacher.

私は　＝　教師だった　　　　　　　　　　　　　　　　　　（私は教師でした。）

◆「私は〜でした」と，自分の過去の様子や状態をあらわすときは，I was 〜. であらわします。

◆ was は am, is の過去形で，[ワズ]と発音します。

◆ was の後ろには，職業や年令，状態，性質をあらわす語を置きます。

🔊 ② 音声を聞いて，まねして言ったあと，▢の中の英語を書きましょう。
【1問6点】

(1) I am busy.

　　　私は　＝　いそがしい　　　　　　　　　　　　（私はいそがしいです。）

(2) I was hungry.

　　　私は　＝　おなかがすいていた　　　　　　（私はおなかがすいていました。）

(3) an elementary school student.

　　　私は　＝　小学生だった　　　　　　　　　　　（私は小学生でした。）

(4) a baseball player.

　　　私は　＝　野球選手だった　　　　　　　　　　（私は野球選手でした。）

単語・熟語 was：am, is の過去形

◆ 主語が I の過去の文では，be 動詞は was になる。

月　日　　／100

答えは別冊 10 ページ

❸ 下の　　　から英語を選んで □ に書き，英文を完成させましょう。　【1問 10 点】

（1）私は　＝　つかれている　　　　　　　　　　　　　　　　　　（私はつかれています。）

I _____ tired.

（2）私は　＝　テニス選手だった　　　　　　　　　　　　　　　（私はテニス選手でした。）

I _____ a tennis player.

（3）私は　＝　幸せな　　　　　　　　　　　　　　　　　　　　　（私は幸せです。）

I _____ happy.

（4）私は　＝　医師だった　　　　　　　　　　　　　　　　　　　（私は医師でした。）

I _____ a doctor.

was / am

❹ 次の語を並べかえて □ に書き，英文を作りましょう。　【1問 10 点】

（1）【 was / hungry / I 】.　　　　　　　　　　　　　（私はおなかがすいていました。）

（2）【 singer / I / a / was 】.　　　　　　　　　　　　　　　　　（私は歌手でした。）

（3）【 was / writer / a / I 】.　　　　　　　　　　　　　　　　　（私は作家でした。）

🔊 ❸, ❹ を解き終えたら，音声を聞いて確認しましょう。

「～でした」の文
Ken was ～.

🔊 **1** 英語と日本語を聞きましょう。英語をまねして言ったあと，□の中の英語をなぞりましょう。　【なぞって8点】

Ken is small. →STEP 1
ケンは ＝ 小さい　　　　　　　　（ケンは小さいです。）

昔　｜　現在

Ken was small.
ケンは ＝ 小さかった　　　　　　（ケンは小さかったです。）

This was my bike.
これは ＝ 私の 自転車だった
（これは私の自転車でした。）

◆ 主語が Ken などの人名や 1 人［1 つ］の人・もののときも，be 動詞の過去形は was になります。

🔊 **2** 音声を聞いて，まねして言ったあと，□の中の英語を書きましょう。【1問8点】

(1) Rin was kind.
リンは ＝ 親切だった　　　　　　（リンは親切でした。）

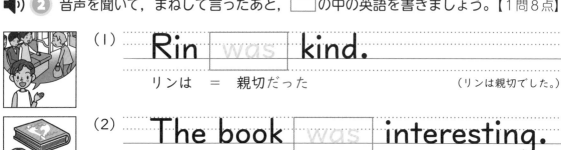
(2) The book was interesting.
その本は ＝ おもしろかった　　　（その本はおもしろかったです。）

(3) Tom ☐ ten years old last year.
トムは ＝ 10才だった・昨年　　　（トムは昨年10才でした。）

(4) The bird ☐ beautiful.
その鳥は ＝ 美しかった　　　　　（その鳥は美しかったです。）

単語・熟語　～ year(s) old：～才

◆ 主語が人名や1人［1つ］の人・ものの過去の文では，be 動詞は was になる。

月　　日　　／100

答えは別冊 10 ページ

❸ 下の　　から英語を選んで□に書き，英文を完成させましょう。　【1問10点】

（1）ジョンは　＝　有名だった　　　　　　　　　　　　（ジョンは有名でした。）

John ［　　　　］ famous.

（2）その映画は　＝　わくわくするものだった　　　　（その映画はわくわくしました。）

The movie ［　　　　］ exciting.

（3）これは　＝　私のかばん　　　　　　　　　　　　　（これは私のかばんです。）

This ［　　　　］ my bag.

is / was

❹ 次の語を並べかえて□に書き，英文を作りましょう。　【1問10点】

（1）【 was / book / old / the 】.　　　　　　　　　（その本は古かったです。）

［　　　］［　　　］［　　　］［　　　］.

（2）【 baseball / Taro / a / was 】player.　　　　（タロウは野球選手でした。）

［　　　］［　　　］［　　　］［　　　］player.

（3）【 cute / was / the / dog 】.　　　　　　　　　（その犬はかわいかったです。）

［　　　］［　　　］［　　　］［　　　］.

🔊 ❸, ❹ を解き終えたら，音声を聞いて確認しましょう。

単語・熟語 exciting：わくわくするような

🔊 ① 音声を聞いて,（　）内から正しい語(句)を選んで○を書きましょう。【1問5点】

(1) I （ am / was ） a teacher.

(2) Yuri （ is / was ） tired yesterday.

(3) Kate （ is / was ） a doctor now.

(4) （ I'm / I was ） sad yesterday.

(5) Misa （ is / was ） a nurse.

(6) Yuto （ is / was ） a tennis player last year.

(7) I （ am / was ） a student.

(8) My sister （ is / was ） happy this morning.

(9) Tom （ is / was ） three years old last year.

(10) （ I'm / I was ） hungry this morning.

(11) My mother （ is / was ） an astronaut ten years ago.

(12) I （ am / was ） a writer.

◆ I was ~ . 「私は~でした。」
Ken was ~ . 「ケンは~でした。」

月　　日　　／100

答えは別冊 10・11 ページ

❷ 次の日本文に合うように，下の░░░から英語を選んで□に書き，英文を完成させましょう。　【1問4点】

（1）私はそのとき小学生でした。

I ☐ an elementary school student then.

（2）ジョンは昨日悲しかったです

John ☐ sad yesterday.

（3）私は花屋でした。

☐ ☐ a florist.

（4）ボブは昨日いそがしかったです。

Bob ☐ busy yesterday.

（5）その本はわくわくしました。

The book ☐ exciting.

am / was / is / I

❸ 次の絵に合う英文を，下の□から選んで書きましょう。　【1問10点】

（1）

_____

He helped many people.

（2）

_____

I ate pizza.

I was very hungry. ／ Mr. Brown was a doctor.

「〜でした」の文
He[She] was 〜.／It was 〜.

🔊 **1** 英語と日本語を聞きましょう。英語をまねして言ったあと，□の中の英語をなぞりましょう。　【なぞって8点】

昨年

She is a nurse.
彼女は　＝　看護師　　　　　　　　　　　　　　（彼女は看護師です。）

| She | was | a nurse last year. |

彼女は　　　＝　　　　看護師だった　　・　　昨年

（彼女は昨年看護師でした。）

◆ 主語が He「彼」や She「彼女」のとき，be 動詞の過去形は was になります。
◆ 主語が It「それ」のときも，be 動詞の過去形は was になります。It はすでに話題になったこと[もの]をさします。

🔊 **2** 音声を聞いて，まねして言ったあと，□の中の英語を書きましょう。

【1問8点】

(1) | She | was | sleepy this morning.

彼女は　＝　ねむかった・今朝　　　　　（彼女は今朝ねむかったです。）

(2) | | | an astronaut.

彼は　＝　宇宙飛行士だった　　　　　　　　（彼は宇宙飛行士でした。）

(3) I read a book. | It | was | interesting.

それは　＝　おもしろかった
（私は本を読みました。それはおもしろかったです。）

(4) | | | thirsty then.

彼は　＝　のどがかわいていた・そのとき
（彼はそのときのどがかわいていました。）

単語・熟語 then：そのとき

❸ 下の　　　から英語を選んで □ に書き，英文を完成させましょう。　【1問 10 点】

（1）彼女は　＝　料理人だった・2 年前に　　　　　　　　（彼女は 2 年前料理人でした。）

She [　　　　] a chef two years ago.

（2）彼は　＝　獣医だった・そのとき　　　　　　　　　　（彼はそのとき獣医でした。）

[　　　] [　　　] a vet then.

（3）私は・〜を見た・鳥を／それは　＝　美しかった　（私は鳥を見ました。それは美しかったです。）

I saw a bird. [　　　] [　　　] beautiful.

was / it / he

❹ 次の絵に合う英文になるように，（　）内から正しい語を選んで○を書きましょう。
【1問 10 点】

（1）

She （ is / was ） a florist last year.

（2）

He （ was / is ） sad yesterday.

（3）

I went to a piano concert.

（ It / It's ） was nice.

🔊 ❸, ❹ を解き終えたら，音声を聞いて確認しましょう。

単語・熟語 chef：料理人／ vet：獣医／ florist：花屋／ concert：コンサート

「〜でした」の文
You were 〜.

🔊 **①** 英語と日本語を聞きましょう。英語をまねして言ったあと，□の中の英語をなぞりましょう。　　　　　　　【なぞって8点】

昔　現在

You are young.
→ STEP 1

あなたは　＝　若い　　　　　　　（あなたは若いです。）

You were young.

あなたは　＝　若かった　　　　　（あなたは若かったです。）

◆ 主語がyou「あなた(たち)のとき，be動詞の過去形は were を使います。You were〜.で「あなた(たち)は〜でした。」という意味です。

🔊 **②** 音声を聞いて，まねして言ったあと，□の中の英語を書きましょう。【1問8点】

(1)
You were hungry.
あなたは　＝　おなかがすいていた（あなたはおなかがすいていました。）

(2)
You were a kind boy.
あなたは　＝　親切な少年だった　　（あなたは親切な少年でした。）

(3)
You were funny.
あなたは　＝　おもしろかった　　　（あなたはおもしろかったです。）

(4)
nice.
あなたたちは　＝　すてきだった　　（あなたたちはすてきでした。）

単語・熟語 were：are の過去形

◆ 主語が you の過去の文では，be 動詞は were になる。

月　　日　　／100

答えは別冊 11 ページ

❸ 下の ▨▨ から英語を選んで □ に書き，英文を完成させましょう。　【1問 10 点】

（1）あなたは　＝　若い　　　　　　　　　　　　　　　　　　　（あなたは若いです。）

You ☐ young.

（2）あなたたちは　＝　正しかった　　　　　　　　　　　　（あなたたちは正しかったです。）

☐ ☐ right.

（3）あなたは　＝　悪かった　　　　　　　　　　　　　　　　（あなたは悪かったです。）

☐ ☐ bad.

are / you / were

❹ 次の語を並べかえて □ に書き，英文を作りましょう。　【1問 10 点】

（1）【 were / kind / you 】.　　　　　　　　　　　　　　　　（あなたは親切でした。）

☐ ☐ ☐ .

（2）【 sad / were / you 】.　　　　　　　　　　　　　（あなたは悲しかったです。）

☐ ☐ ☐ .

（3）【 you / popular / were 】singers.　　　　　（あなたたちは人気がある歌手でした。）

☐ ☐ ☐ singers.

🔊 ❸ , ❹ を解き終えたら，音声を聞いて確認しましょう。

単語・熟語　right：正しい／ bad：悪い

🔊 **❶** 音声を聞いて，内容と合う絵を選び，○を書きましょう。　　　【1問8点】

(1)　　　〔　　　　〕　　　　　　　　　　〔　　　　〕

(2)　　　〔　　　　〕　　　　　　　　　　〔　　　　〕

(3)　　　〔　　　　〕　　　　　　　　　　〔　　　　〕

❷ 次の日本文に合うように，（　）内から正しい語を選んで○を書きましょう。

【1問8点】

(1) あなたは昨日つかれていました。　You（ are ／ were ）tired yesterday.

(2) 彼女は今朝おなかがすいていました。

She（ was ／ were ）hungry this morning.

(3) 私は本を読みました。それはおもしろかったです。

I read a book. It（ is ／ was ）interesting.

◆ He[She] was 〜．「彼／彼女は〜でした。」
You were 〜．「あなた(たち)は〜でした。」

月　　日　　／100

答えは別冊 11・12 ページ 📖

❸ 次の日本文に合うように，下の▨▨から英語を選んで□に書き，英文を完成させましょう。　　　　　　　　　　　　　　　　　　　　　　　　【1問8点】

(1) 彼女は 2 年前英語の先生でした。

She ⬚ an English teacher two years ago.

(2) あなたは親切でした。

You ⬚ kind.

(3) 私は映画を見ました。それは人気がありました。

I saw a movie. ⬚ ⬚ popular.

(4) あなたたちはおもしろかったです。

You ⬚ funny.

is / was / are / were / it

❹ 次の絵に合う英文を，下の▨▨から選んで書きましょう。　　　　　　【1問10点】

(1)

(2)

I went to a concert.

You were busy yesterday. ／ It was nice.

STEP 27 「〜でした」の文
We were 〜. ／ They were 〜.

🔊 **1** 英語と日本語を聞きましょう。英語をまねして言ったあと，□の中の英語をなぞりましょう。 【なぞって8点】

We are tired.
私たちは　＝　つかれている　　　　　　（私たちはつかれています。）

私たちは　＝　つかれていた　　　　　　（私たちはつかれていました。）

◆ 主語が we「私たち」の be 動詞の過去形は were になり，We were 〜. で「私たちは〜でした。」の意味になります。

◆ 主語が they「彼［彼女］ら・それら」の be 動詞の過去形は were になり，They were 〜. で「彼［彼女］ら・それらは〜でした。」の意味になります。

🔊 **2** 音声を聞いて，まねして言ったあと，□の中の英語を書きましょう。【1問8点】

(1) We **were** hungry.

私たちは　＝　おなかがすいていた　（私たちはおなかがすいていました。）

(2) **We were** students.

私たちは　＝　学生だった　　　　　　　　（私たちは学生でした。）

(3) They **were** excited.

彼らは　＝　わくわくしていた　　　（彼らはわくわくしていました。）

(4) **They were** classmates.

彼女たちは　＝　クラスメイトだった（彼女たちはクラスメイトでした。）

◆ 主語が we や they の過去の文では，be動詞は were になる。

答えは別冊 12 ページ

月　　日　　／100

❸ 下の　　　から英語を選んで□に書き，英文を完成させましょう。　【1問 10 点】

（1）私たちは　＝　若かった　　　　　　　　　　　　　　　　　（私たちは若かったです。）

We ____ young.

（2）彼らは　＝　おなかがすいていた　　　　　　　　（彼らはおなかがすいていました。）

They ____ hungry.

（3）私たちは　＝　幸せだった　　　　　　　　　　　　　　　　（私たちは幸せでした。）

____ ____ happy.

（4）彼らは　＝　つかれていた　　　　　　　　　　　　　（彼らはつかれていました。）

____ ____ tired.

they / was / were / we

❹ 次の語を並べかえて□に書き，英文を作りましょう。　【1問 10 点】

（1）【 angry / were / they 】.　　　　　　　　　　　（彼らはおこっていました。）

____ ____ ____ .

（2）【 were / we / players / soccer 】.　　　　　（私たちはサッカー選手でした。）

____ ____ ____ ____ .

🔊 ❸, ❹ を解き終えたら，音声を聞いて確認しましょう。

「〜でした」の文
Ken and Tom were 〜.

① 英語と日本語を聞きましょう。英語をまねして言ったあと，□の中の英語
をなぞりましょう。　　　　　　　　　　　　　　　　　　【なぞって 10 点】

→ STEP 1

Ken and Tom are my friends.

ケンとトムは　　　　　　＝　　　私の友だち

（ケンとトムは私の友だちです。）

Ken and Tom were my friends.

ケンとトムは　　　　　　＝　　　私の友だちだった

（ケンとトムは私の友だちでした。）

◆ You「あなたたち」，We「私たち」，They「彼ら［彼女ら］・それら」以外でも，主語が 2 人
以上の人［もの］のとき，be 動詞の過去形は were になります。

② 音声を聞いて，まねして言ったあと，□の中の英語を書きましょう。

【1問 10 点】

(1) ## Yuki and Mina were busy.

ユキとミナは　＝　いそがしかった（ユキとミナはいそがしかったです。）

(2) ## The strawberries were sweet.

そのイチゴは　＝　あまかった　　（そのイチゴはあまかったです。）

(3) ## My parents ⬚ teachers.

私の両親は　＝　教師だった　　　　　（私の両親は教師でした。）

(4) ## Your dogs ⬚ cute.

あなたの犬たちは　＝　かわいかった

（あなたの犬たちはかわいかったです。）

単語・熟語 sweet：あまい／parents：両親

◆ 主語が2人[2つ]以上の過去の文では, be動詞は were になる。

月　日　／100

答えは別冊12ページ

❸ 下の　　　から英語を選んで □ に書き, 英文を完成させましょう。　【1問10点】

（1）ユウトとショウタは　＝　つかれていた・昨日　（ユウトとショウタは昨日つかれていました。）

Yuto and Shota 　　　　　tired yesterday.

（2）あれらのオレンジは　＝　あまかった　　　　（あれらのオレンジはあまかったです。）

Those oranges 　　　　　sweet.

（3）そのプレゼントは　＝　すてきだった　　　　（そのプレゼントはすてきでした。）

The presents 　　　　　nice.

was / are / were

❹ 次の絵に合うように,（　）内から正しい語を選んで○を書きましょう。【1問10点】

（1）

Emma and Aoi （　are　/　were　）happy yesterday.

（2）

These books （　were　/　was　）interesting.

（3）

Kaito and Mike （　were　/　are　）sad last Sunday.

🔊 ❸, ❹ を解き終えたら, 音声を聞いて確認しましょう。

単語・熟語 ▶ present：プレゼント

確認テスト⑭

🔊 ① 音声を聞いて, ( )内から正しい語を選んで○を書きましょう。　【1問5点】

(1) We (are / were) tired.

(2) They (were / was) sad.

(3) Emily and Jane (was / were) good friends.

(4) They (are / were) students.

(5) We (was / were) happy.

(6) Tom and Rachel (are / were) busy yesterday.

(7) We (were / was) hungry this morning.

(8) We (are / were) thirsty.

(9) Your books (are / were) interesting.

(10) We (are / were) sad.

(11) They (was / were) sweet.

(12) Minato and Bob (are / were) sleepy.

◆ We[They / Ken and Tom] were 〜 .
「私たち[彼ら／ケンとトム]は〜でした。」

月　　日　　／100

答えは別冊 12 ページ

❷ 次の日本文に合うように，下の ▨▨▨ から英語を選んで □ に書き，英文を完成させましょう。　　　　　　　　　　　　　　【1問 5 点】

（1）ヒマリとミオは幸せでした。

Himari and Mio ［　　　　］ happy.

（2）私たちは仲のよい友だちでした。

［　　　］［　　　　　］ good friends.

（3）彼らはいそがしかったです。

［　　　　］｜［　　　　　］ busy.

（4）コウキとレンは悲しかったです。

Koki ［　　　］ Ren ［　　　　　］ sad.

they / are / were / was / we / and

❸ 次のせりふの＿＿の部分を英語で書きましょう。　　　　　　　　【1問 10 点】

（1）

あなたはそれらの本を読みましたか。

はい。
それらはおもしろかったです。

interesting.

（2）

あなたたちは昨日早くねましたか。

はい。
私たちはつかれていました。

tired.

過去形の使い分け
一般動詞の現在形と過去形

🔊 ① 音声を聞いてまねして言ったあと，英語をなぞりましょう。　【なぞって8点】

	もとの形	過去形	ほかの例
-ed をつける	play	played	cleaned / listened など
-d をつける（動詞の最後の文字が e）	use	used	liked / lived など
y を i にかえて -ed をつける	study	studied	tried など
ちがう形になる（不規則動詞）	go	went	come → came / see → saw など

🔊 ② 音声を聞いて，まねして言ったあと，□の中の英語を書きましょう。①の表を参考にしましょう。　【1問8点】

(1) I _____ my room every day.

私は・～をそうじする・私の部屋・毎日　（私は毎日私の部屋をそうじします。）

(2) I _____ my room yesterday.

私は・～をそうじした・私の部屋・昨日　（私は昨日私の部屋をそうじしました。）

(3) We _____ to school with Tom.

私たちは・行く・学校に・トムと　（私たちはトムと学校に行きます。）

(4) We _____ to school with Tom.

私たちは・行った・学校に・トムと　（私たちはトムと学校に行きました。）

◆ 「〜しました」というときは，一般動詞を過去形にする。

月　　日　　　／100

答えは別冊 12・13 ページ 📖

③ 下の　　から英語を選んで形を変えて□に書き，英文を完成させましょう。ただし形を変えずに使うものもあります。　　　　　　　　　　　　【1問10点】

（1）私たちは・〜を勉強した・英語・昨日　　　　　　　（私たちは昨日英語を勉強しました。）

We 〔　　　　　　　〕 English yesterday.

（2）彼らは・〜を聞く・音楽・毎晩　　　　　　　　　（彼らは毎晩音楽を聞きます。）

They 〔　　　　　　　〕 to music every night.

（3）私は・〜を使った・そのコンピュータ　　　　　　（私はそのコンピュータを使いました。）

I 〔　　　　　　〕 the computer.

use / study / listen

④ 次の日本文に合うように，（　）内から正しい語を選んで○を書きましょう。

【1問10点】

（1）私は野球をしました。　　I (play / played) baseball.

（2）彼女たちは算数が好きです。　　They (like / liked) math.

（3）あなたはサラダを食べました。　　You (eat / ate) salad.

🔊 ③, ④ を解き終えたら，音声を聞いて確認しましょう。

- -

単語・熟語 salad：サラダ

一般動詞の現在形と過去形　**93**

過去形の使い分け
be 動詞の現在形と過去形

🔊 **1** 音声を聞いてまねして言ったあと，英語をなぞりましょう。　【なぞって8点】

主語	もとの形	過去形
I	am	was
you / we / they / 2人[2つ]以上の人やもの	are	were
he / she / it / this / that / 1人[1つ]の人やもの	is	was

🔊 **2** 音声を聞いて，まねして言ったあと，□の中の英語を書きましょう。【1問8点】

(1) I □ a writer.

私は　＝　作家　　　　　　　　　　　　　　　　　　（私は作家です。）

(2) I □ a writer.

私は　＝　作家だった　　　　　　　　　　　　　　　（私は作家でした。）

(3) My father □ a chef.

私の父は　＝　料理人　　　　　　　　　　　　　　　（私の父は料理人です。）

(4) My father □ a chef.

私の父は　＝　料理人だった　　　　　　　　　　　　（私の父は料理人でした。）

◆ 「～でした」というときは，be 動詞を過去形にする。

月　日　　／100

答えは別冊 13 ページ 📖

③ 下の　　から英語を選んで形を変えて□に書き，英文を完成させましょう。ただし形を変えずに使うものもあります。　　　　　　　　　　　　　　【1問10点】

（1）あなたは　＝　親切な　　　　　　　　　　　　　　　　　　（あなたは親切です。）

You 〔　　　〕 kind.

（2）私たちは　＝　おなかがすいていた　　　　　　　（私たちはおなかがすいていました。）

We 〔　　　〕 hungry.

（3）トムは　＝　つかれていた　　　　　　　　　　　　（トムはつかれていました。）

Tom 〔　　　〕 tired.

are / is / am

④ 次の日本文に合うように，（　）内から正しい語を選んで○を書きましょう。
　　　　　　　　　　　　　　　　　　　　　　　　　　　　　　　　【1問10点】

（1）その本はおもしろいです。　　The book （ is / was ） interesting.

（2）メアリーは悲しかったです。　　Mary （ was / were ） sad.

（3）あなたはつかれていました。　　You （ are / were ） tired.

🔊 ③, ④ を解き終えたら，音声を聞いて確認しましょう。

過去形の使い分け
一般動詞と be 動詞の過去形

🔊 **1** 英語と日本語を聞きましょう。英語をまねして言ったあと，□ の中の英語をなぞりましょう。 【なぞって 8 点】

I played soccer.

私は ・ ～をした ・ サッカー

（私はサッカーをしました。）

I was a teacher.

私は ＝ 教師だった （私は教師でした。）

◆ 「～しました」という文は，一般動詞を過去形にしてあらわします。

◆ 「～でした」という文は，be 動詞の過去形を使ってあらわします。

🔊 **2** 音声を聞いて，まねして言ったあと，□ の中の英語を書きましょう。【1問 8 点】

(1) I went to school by bike.

私は ・行った ・学校に ・自転車で （私は自転車で学校に行きました。）

(2) I a doctor.

私は ＝ 医師だった （私は医師でした。）

(3) You hungry.

あなたは ＝ おなかがすいていた （あなたはおなかがすいていました。）

(4) Mary tired.

メアリーは ＝ つかれていた （メアリーはつかれていました。）

◆ 「～しました」というときは一般動詞を，
「～でした」というときは be 動詞を過去形にする。

月　　日　　／100

答えは別冊 13 ページ

❸ 下の　　　から英語を選んで □ に書き，英文を完成させましょう。　　【1問6点】

（1）私は・～を使った・そのコンピュータ　　　　　（私はそのコンピュータを使いました。）

I _____ the computer.

（2）あなたは　＝　若かった　　　　　　　　　　　　　　（あなたは若かったです。）

You _____ young.

（3）私は・しばしば・～を使う・そのコンピュータ　（私はしばしばそのコンピュータを使います。）

I often _____ the computer.

（4）メアリーは　＝　ねむい　　　　　　　　　　　　　　（メアリーはねむいです。）

Mary _____ sleepy.

was / were / is / are / used / use

❹ 次の日本文に合うように，（　）内から正しい語を選んで○を書きましょう。

【1問6点】

（1）私は算数を勉強しました。　　I (study / studied) math.

（2）私たちはつかれていました。　　We (were / was) tired.

（3）トムは親切です。　　Tom (was / is) kind.

（4）私は英語が好きです。　　I (like / liked) English.

（5）私たちは悲しかったです。　　We (are / were) sad.

（6）私はジョンを手伝いました。　　I (help / helped) John.

🔊 ❸ , ❹ を解き終えたら，音声を聞いて確認しましょう。

一般動詞と be 動詞の過去形　**97**

確認テスト⑮

🔊 **❶** 音声を聞いて，（　）内から正しい語を選んで○を書きましょう。　【1問4点】

(1) I (clean / cleaned) my room.

(2) I (was / am) sad.

(3) Mary (is / was) happy.

(4) The book (is / was) interesting.

(5) You (are / were) kind.

(6) I (watch / watched) TV.

(7) I (am / was) hungry.

(8) We (are / were) tired.

(9) I (use / used) the computer.

(10) Tom (is / was) thirsty.

(11) I (listen / listened) to music.

(12) You (are / were) tired.

◆ 一般動詞の現在形と過去形／be動詞の現在形と過去形
一般動詞と be 動詞と過去形

月　日　　／100

答えは別冊13ページ📖

2 次の日本文に合うように，下の▨▨▨から英語を選んで形を変えて□に書き，英文を完成させましょう。ただし，形を変えずに使うものもあります。【1問7点】

（1）私たちはおなかがすいていました。

We ▢ hungry.

（2）私はトムを見ました。

I ▢ Tom.

（3）メアリーは悲しいです。

Mary ▢ sad.

（4）私はジョンの家に行きました。

I ▢ to John's house.

are / go / see / is

3 次の日記の内容に合うように，右の□から英語を選んで□に書き，英文を完成させましょう。

【1問8点】

私は毎日ピアノをひきます。今日は有名な曲を練習しました。それは難しかったです。

was
practiced
played
play

（1）

I ▢ the piano every day.

（2）

I ▢ a famous song today.

（3）

It ▢ difficult.

まとめテスト（２）

🔊 **１** 音声を聞いて，（ ）内から正しい語を選んで○を書きましょう。　【1問6点】

(1) I （ play / played ） baseball yesterday.

(2) My mother （ was / were ） an English teacher three years ago.

(3) We （ are / were ） busy last Sunday.

(4) I （ am / was ） tired yesterday.

(5) He （ goes / went ） to Tokyo last month.

２ 次の日本文に合うように，下の ▨▨ から動詞の形を変えて □ に書き，英文を完成させましょう。　【1問10点】

(1) 彼女はこの前の日曜日にトムを訪ねました。

She ［　　　　］ Tom last Sunday.

(2) 私の父は作家でした。

My father ［　　　　］ a writer.

(3) 私は昨日そのコンピュータを使いました。

I ［　　　　］ the computer yesterday.

use / go / visit / is

◆ 過去の文

月 日 　／100

答えは別冊 13・14 ページ

❸ 次の日本文に合うように，語を並べかえて□に書き，英文を完成させましょう。

【1問5点】

（1）私たちは昨日音楽を聞きました。【 music / to / listened / we 】yesterday

yesterday.

（2）彼らは今朝つかれていました。【 this / were / tired / they 】morning.

morning.

（3）私は昨日彼女に会いました。【 her / saw / I 】yesterday.

yesterday.

（4）あなたは先月その動物園へ行きました。【 went / to / you 】the zoo last month.

the zoo last month.

❹ 次のせりふの＿＿の部分を英語で書きましょう。

【1問10点】

（1）

あなたは昨日いそが
しかったですか。

いいえ，いそがしくあ
りませんでした。
私はひま (free) でした。

（2）

あなたは朝食を食べ
ましたか。

はい，食べました。
私はサラダ (salad) を
食べました。

過去の否定文・疑問文　先取りチャレンジ！

I didn't 〜.

🔊 **1** 英語と日本語を聞きましょう。英語をまねして言ったあと，□の中の英語をなぞりましょう。　【なぞって8点】

I don't watch TV. →STEP 2

私は　・　〜を見ない　・　テレビ　　（私はテレビを見ません。）

I didn't watch TV.

私は　・　〜を見なかった　・　テレビ　　※ didn't = did not

（私はテレビを見ませんでした。）

◆ 「私は〜しませんでした」は一般動詞の前に did not(= didn't)を置いてあらわします。

◆ did は[ディド]，didn't は[ディドゥント]と発音します。

◆ didn't[did not] の後ろの動詞は，もとの形を置きます。

🔊 **2** 音声を聞いて，まねして言ったあと，□の中の英語を書きましょう。　【1問8点】

(1) I did not study math today.

私は・〜を勉強しなかった・算数・今日　（私は今日算数を勉強しませんでした。）

(2) I didn't play tennis yesterday.

私は・〜をしなかった・テニス・昨日　（私は昨日テニスをしませんでした。）

(3) I meet Tom today.

私は・〜に会わなかった・トム・今日　（私は今日トムに会いませんでした。）

(4) I go to a library.

私は・行かなかった・図書館に　（私は図書館に行きませんでした。）

単語・熟語 did not[didn't]：〜しなかった／ did：do の過去形／ meet：〜に会う

◆ 一般動詞の過去の否定文では，did not（＝ didn't）を一般動詞の前に置く。

月　　日　　／100

答えは別冊 14 ページ

❸ 下の　　　から英語を選んで□に書き，英文を完成させましょう。　【1問10点】

（1）私は・話さなかった・トムと・昨日　　　　　　　（私は昨日トムと話しませんでした。）

I _____ talk with Tom yesterday.

（2）私は・〜を練習しなかった・テニス　　　　　　　（私はテニスを練習しませんでした。）

I _____ _____ tennis.

（3）私は・行かなかった・大阪に・先月　　　　　　　（私は先月大阪へ行きませんでした。）

I _____ _____ to Osaka last month.

went / didn't / not / go / do / practice

❹ 次の語を並べかえて□に書き，英文を作りましょう。　【1問10点】

（1）【 I / drink / didn't 】juice.　　　　　　　　（私はジュースを飲みませんでした。）

_____ _____ _____ juice.

（2）【 skate / didn't / I 】yesterday.　　　　　　（私は昨日スケートをしませんでした。）

_____ _____ _____ yesterday.

（3）【 climb / I / the / didn't 】mountain.　　　（私はその山に登りませんでした。）

_____ _____ _____ _____ mountain.

🔊 ❸ , ❹ を解き終えたら, 音声を聞いて確認しましょう。

過去の否定文・疑問文　先取りチャレンジ！

I wasn't ～.

🔊 **①** 英語と日本語を聞きましょう。英語をまねして言ったあと，□の中の英語をなぞりましょう。　【なぞって８点】

I am not tired. →STEP 1

私は　≠　つかれている　　　　（私はつかれていません。）

I was not tired.

私は　≠　つかれていた

（私はつかれていませんでした。）

◆「～ではありませんでした」は was の後ろに not を置いてあらわします。

◆ was not は wasn't と短くあらわすことができます。［ワズント］と発音します。

🔊 **②** 音声を聞いて，まねして言ったあと，□の中の英語を書きましょう。

【１問８点】

(1)  **I was not sad.**

私は　≠　悲しかった　　　　（私は悲しくありませんでした。）

(2) **I wasn't free.**

私は　≠　ひまだった　　　　（私はひまではありませんでした。）

(3) **I　　　hungry.**

私は　≠　おなかがすいていた　　　　（私はおなかがすいていませんでした。）

(4) **I　　　sleepy.**

私は　≠　ねむかった　　　　（私はねむくありませんでした。）

◆ be動詞の過去の否定文では，be動詞の後ろにnotを置く。

月　　日　　／100

答えは別冊14ページ

❸ 下の　　　から英語を選んで□に書き，英文を完成させましょう。　【1問10点】

（1）私は　≠　つかれていた　　　　　　　　　　　　　　（私はつかれていませんでした。）

I ___ tired.

（2）私は　≠　いそがしかった　　　　　　　　　　　　（私はいそがしくありませんでした。）

I ___ ___ busy.

（3）私は　≠　悲しかった　　　　　　　　　　　　　　（私は悲しくありませんでした。）

I ___ sad.

was / wasn't / not

❹ 次の語を並べかえて□に書き，英文を作りましょう。　【1問10点】

（1）【 was / not / I 】sleepy.　　　　　　　　　　　（私はねむくありませんでした。）

___ ___ ___ sleepy.

（2）【 hungry / I / wasn't 】.　　　　　　　　　　（私はおなかがすいていませんでした。）

___ ___ ___

（3）【 wasn't / free / I 】.　　　　　　　　　　　　（私はひまではありませんでした。）

___ ___ ___

🔊 ❸, ❹ を解き終えたら,音声を聞いて確認しましょう。

確認テスト⑯

🔊 **1** 音声を聞いて，内容と合う絵を選び，○を書きましょう。　　【1問6点】

(1)　　　　〔　　　〕　　　　　　　　　〔　　　〕

(2)　　　　〔　　　〕　　　　　　　　　〔　　　〕

(3)　　　　〔　　　〕　　　　　　　　　〔　　　〕

2 次の日本文に合うように，（　）内から正しい語を選んで○を書きましょう。

【1問6点】

(1) 私はひまではありませんでした。　I（ was / wasn't ）free.

(2) 私は今日算数を勉強しませんでした。

I didn't（ study / studied ）math today.

(3) 私はつかれていませんでした。　I（ did / was ）not tired.

＼STEP32·33 のまとめ／

◆ I didn't ～.「私は～しませんでした。」
　 I wasn't ～.「私は～ではありませんでした。」

月　　日 　　／100

答えは別冊 14・15 ページ📖

❸ 次の日本文に合うように，下の▨▨▨から英語を選んで□に書き，英文を完成させましょう。　【1問10点】

(1) 私は先月トムに会いませんでした。

I ☐ see Tom last month.

(2) 私はのどがかわいていませんでした。

I ☐ thirsty.

(3) 私は昨日私の部屋をそうじしませんでした。

I ☐ clean my room yesterday.

(4) 私は幸せではありませんでした。

I ☐ happy.

wasn't / didn't

❹ 次のせりふの___の部分を英語で書きましょう。　【1問12点】

(1)

昨日私は一生けんめい勉強しました。テレビは見ませんでした。

☐ ☐ watch TV.

(2)

昨日はたくさんおやつを食べました。夜，私はおなかがすいていませんでした。

☐ ☐ hungry at night.

過去の否定文・疑問文
Did you ～?

🔊 **1** 英語と日本語を聞きましょう。英語をまねして言ったあと，☐の中の英語をなぞりましょう。　　　　　　　　　　　　　　【なぞって10点】

Do you have breakfast?
STEP 2
（あなたは朝食を食べますか。）

-Yes, I do.
（はい，食べます。）

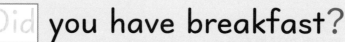

Did you have breakfast?
？　・　あなたは　・　〜を食べた　・　　朝食
（あなたは朝食を食べましたか。）

-Yes, I did .
（はい，食べました。）

◆ 「あなたは〜しましたか。」は，**Did you ～?** であらわします。

◆ you の後ろには，一般動詞の過去形ではなく，**一般動詞のもとの形**を置きます。

◆ **Did you ～?** でたずねられたら，**Yes, I did. / No, I didn't.** と答えます。

🔊 **2** 音声を聞いて，まねして言ったあと，☐の中の英語を書きましょう。【1問10点】

(1) **Did you see Tom yesterday?**
？・あなたは・〜に会った・トム・昨日
（あなたは昨日，トムに会いましたか。）

(2) **you practice tennis yesterday?**
？・あなたは・〜を練習した・テニス・昨日
（あなたは昨日，テニスを練習しましたか。）

(3) **swim yesterday?**
？・あなたは・泳いだ・昨日　　（あなたは昨日，泳ぎましたか。）

◆ 「あなたは〜しましたか。」は Did you 〜? であらわす。

月　　日　　／100

答えは別冊 15 ページ

❸ 下の◯◯から英語を選んで□に書き，英文を完成させましょう。　【1問10点】

（1）？・あなたは・〜をそうじした・自分の部屋　（あなたは自分の部屋をそうじしましたか。）

　　　＿＿＿＿＿ you clean your room?

（2）はい・私は・（そうじした）　　　　　　（[(1)に答えて]はい，しました。）

　　Yes, I ＿＿＿＿＿.

（3）いいえ・私は・（そうじしなかった）　　（[(1)に答えて]いいえ，しませんでした。）

　　No, I ＿＿＿＿＿.

did / didn't

❹ 次の語を並べかえて□に書き，英文を作りましょう。　【1問15点】

（1）【 watch / you / TV / did 】today?　（あなたは今日テレビを見ましたか。）

　　＿＿＿＿ ＿＿＿＿ ＿＿＿＿ ＿＿＿＿ today?

（2）【 you / did / lunch / make 】?　（あなたは昼食を作りましたか。）

　　＿＿＿＿ ＿＿＿＿ ＿＿＿＿ ＿＿＿＿ ?

🔊 ❸, ❹ を解き終えたら，音声を聞いて確認しましょう。

過去の否定文・疑問文

Were you ～?

🔊 **①** 英語と日本語を聞きましょう。英語をまねして言ったあと，□の中の英語
をなぞりましょう。　　　　　　　　　　　　　　　　　　　【なぞって 10 点】

Are you a teacher? → STEP 1

（あなたは教師ですか。）

–Yes, I am.
（はい，私は教師です。）

Were you a teacher before?
？・あなたは　＝　　　　　教師だった　・　以前
（あなたは以前教師でしたか？）

–Yes, I was.
はい　・　私は　＝（教師だった）
（はい，私は教師でした。）

◆ 「あなたは～でしたか。」は **Were you～?** であらわします。

◆ 答えるときは，**Yes, I was. / No, I wasn't.** であらわします。

🔊 **②** 音声を聞いて，まねして言ったあと，□の中の英語を書きましょう。【1問 10 点】

(1) Were you tired?
？・あなたは　＝　つかれていた　　（あなたはつかれていましたか。）

(2) you angry?
？・あなたは　＝　おこっていた　　（あなたはおこっていましたか。）

(3) a doctor before?
？・あなたは　＝　医師だった・以前（あなたは以前，医師でしたか。）

単語・熟語 before：以前

◆「あなたは〜でしたか。」は Were you 〜? であらわす。

月　日　／100

答えは別冊 15 ページ 📖

③ 下の　　　から英語を選んで□に書き，英文を完成させましょう。　【1問10点】

（1）？・あなたは・作家だった・以前　　　　　　　　　　　（あなたは以前作家でしたか。）

_____ you a writer before?

（2）〔(1)に答えて〕はい・私は＝(作家だった)　　　　　　（はい，私は作家でした。）

Yes, I _____.

（3）〔(1)に答えて〕いいえ・私は＝(作家ではなかった)　　（いいえ，私は作家ではありませんでした。）

No, I _____.

were / wasn't / was

④ 次の絵に合う英文になるように，（　）内から正しい語を選んで○を書きましょう。

【1問10点】

（1）
　　（ Are / Were ） you tired yesterday?

（2）
　　Yes, I (was / wasn't).

（3）
　　No, I (was / wasn't).

🔊 ③, ④ を解き終えたら, 音声を聞いて確認しましょう。

確認テスト⑰

🔊 **1** 音声を聞いて，（　）内から正しい語を選んで○を書きましょう。　【1問5点】

(1) Did you （ eat / ate ） breakfast?

(2) （ Were / Are ） you a teacher?

(3) （ Were / Did ） you have the cake?

(4) Yes, I （ did / didn't ）.

(5) （ Did / Were ） you happy yesterday?

(6) No, I （ wasn't / didn't ）.

(7) （ Did / Were ） you study math last night?

(8) No, I （ didn't / wasn't ）.

(9) （ Was / Were ） you busy today?

(10) Yes, I （ did / was ）.

(11) （ Were / Did ） you watch TV today?

(12) Yes, I （ do / did ）.

◆「あなたは～しましたか。」/「あなたは～でしたか。」

月　日　／100

答えは別冊 15 ページ

2 次の日本文に合うように，下の▨▨から英語を選んで□に書き，英文を完成させましょう。【1問5点】

（1）あなたは昨日夕食を作りましたか。

　　　　　 you make dinner yesterday?

（2）あなたは医師でしたか。

　　　　　 you a doctor?

（3）〔(2)に答えて〕いいえ，私は医師ではありませんでした。

No, I 　　　　　.

（4）あなたは昨日学校へ行きましたか。

　　　　　 you go to school yesterday?

was / did / were / wasn't / didn't

3 次のせりふの___の部分を英語で書きましょう。【1問10点】

（1）
あなたはこの前の月曜日，テニスをしましたか。

いいえ，しませんでした。

　　　　　 play tennis last Monday?

（2）
あなたは昨日，うれしかったですか。

はい，うれしかったです。

　　　　　 happy yesterday?

過去の否定文・疑問文
Where did you ~? / When did you ~?

🔊 ❶ 英語と日本語を聞きましょう。英語をまねして言ったあと，□の中の英語
をなぞりましょう。　　　　　　　　　　　　　　　　　【なぞって8点】

Where do you go on Sundays? → STEP 10

どこに？　・　あなたは　・　行く　・　　日曜日に

（あなたは毎週日曜日にどこに行きますか。）

Where did you go last Sunday?

どこに？　・　　　あなたは　・　行った　　この前の日曜日に

（あなたはこの前の日曜日にどこに行きましたか。）

◆ 「あなたはどこで[に・へ]～しましたか。」というときは，Where did you ～? であらわ
します。Where 以外に，**When**「いつ」，**What**「何」，**Why**「なぜ」，**How**「どうやって」
などの疑問詞を文頭に置いてたずねることもできます。

◆ you の後ろには，一般動詞の過去形ではなく，一般動詞のもとの形を置きます。

🔊 ❷ 音声を聞いて，まねして言ったあと，□の中の英語を書きましょう。【1問8点】

(1) Where did you play tennis?

どこで？・あなたは・～をした・テニス

（あなたはどこでテニスをしましたか。）

(2) When did you see Tom?

いつ？・あなたは・～に会った・トム　（あなたはいつトムに会いましたか。）

(3) you swim yesterday?

どこで？・あなたは・泳いだ・昨日

（あなたは昨日，どこで泳ぎましたか。）

(4) you walk in the park?

いつ？・あなたは・歩いた・公園を

（あなたはいつ公園を歩きましたか。）

◆「あなたはどこで[に・へ]～しましたか。」は Where did you～？ であらわす。「あなたはいつ～しましたか。」は When did you ～？ であらわす。

月　日　／100

答えは別冊 15・16 ページ

❸ 下の　　　から英語を選んで□に書き，英文を完成させましょう。　【1問10点】

（1）いつ？・あなたは・～をそうじした・自分の部屋（あなたはいつ自分の部屋をそうじしましたか。）

did you clean your room?

（2）どこで？・あなたは・～をした・野球　　　　　（あなたはどこで野球をしましたか。）

did you play baseball?

（3）いつ？・あなたは・～に行った・イタリア　　　（あなたはいついタリアに行きましたか。）

you go to Italy?

（4）どこで？・あなたは・～を食べた・昼食　　　　（あなたはどこで昼食を食べましたか。）

you eat lunch?

did / when / where

❹ 次の語を並べかえて□に書き，英文を作りましょう。　【1問10点】

（1）【 watch / you / when / did 】the movie?　（あなたはいつその映画を見ましたか。）

the movie?

（2）【 you / did / buy / where 】the hat?　（あなたはどこでそのぼうしを買いましたか。）

the hat?

🔊 ❸，❹ を解き終えたら，音声を聞いて確認しましょう。

確認テスト⑱

🔊 ❶ 音声を聞いて，内容と合う絵を選び，○を書きましょう。　　　【1問6点】

(1) 〔　　　　〕　　　　　　　　　　〔　　　　〕

(2) 〔　　　　〕　　　　　　　　　　〔　　　　〕

(3) 〔　　　　〕　　　　　　　　　　〔　　　　〕

❷ 次の日本文に合うように，（　）内から正しい語を選んで○を書きましょう。

【1問9点】

(1) あなたはどこでこの絵を見ましたか。

（ Where / When) did you see this picture?

(2) あなたはいつその本を読みましたか。

（ Where / When) did you read the book?

◆ Where did you ～?「あなたはどこで[に・へ]～しましたか。」
　When did you ～?「あなたはいつ～しましたか。」

月　　日　　／100

答えは別冊 16 ページ

❸ 次の日本文に合うように，下の から英語を選んで□に書き，英文を完成させましょう。　【1問10点】

（1）あなたはいつオーストラリアに行きましたか。

did you go to Australia?

（2）あなたはどこでそのギターを買いましたか。

did you buy the guitar?

（3）この前の冬に，あなたはどこでスキーをしましたか。

you ski last winter?

（4）あなたは 10 年前どこに住んでいましたか。

you live ten years ago?

when / where / did

❹ 次のせりふの＿＿の部分を英語で書きましょう。　【1問12点】

（1）

あなたはどこでそのうで時計を買いましたか。

私はそれを駅前のデパートで買いました。

buy the watch?

（2）

あなたはいつ図書館に行きましたか。

私はこの前の日曜日にそこに行きました。

go to the library?

「〜できる」の文
I can 〜.

🔊 **1** 英語と日本語を聞きましょう。英語をまねして言ったあと，□□の中の英語をなぞりましょう。

【なぞって8点】

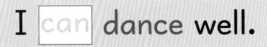

I dance every day. → STEP 2

私は ・ おどる ・ 毎日 （私は毎日おどります。）

I can dance well.

私は ・ おどることができる ・ じょうずに

（私はじょうずにおどることができます。）

◆ can は「〜することができる」の意味で，[**キャン**]と発音します。

◆ I can 〜 . で，「私は〜することができます。」という意味になります。

◆ can の後ろには一般動詞のもとの形を置きます。

🔊 **2** 音声を聞いて，まねして言ったあと，□□の中の英語を書きましょう。【1問8点】

(1) I can make a cake.

私は ・ 〜を作ることができる ・ ケーキ （私はケーキを作ることができます。）

(2) I can ride a unicycle.

私は ・ 〜に乗ることができる ・ 一輪車 （私は一輪車に乗ることができます。）

(3) paint pictures well.

私は ・ 〜をかくことができる ・ 絵 ・ じょうずに （私はじょうずに絵をかくことができます。）

How are you?

(4) speak English.

私は ・ 〜を話すことができる ・ 英語 （私は英語を話すことができます。）

▶ **単語・熟語** can：〜することができる／ ride：〜に乗る／ unicycle：一輪車／ paint：（絵）をかく

❸ 下の　　から英語を選んで□に書き，英文を完成させましょう。　【1問 10点】

（1）私は・歌うことができる・じょうずに　　　　　（私はじょうずに歌うことができます。）

I □ sing well.

（2）私は・～をすることができる・野球・じょうずに　（私はじょうずに野球をすることができます。）

□ □ play baseball well.

（3）私は・走ることができる・速く　　　　　　　（私は速く走ることができます。）

□ □ run fast.

can / I

❹ 次の語を並べかえて□に書き，英文を作りましょう。　【1問 10点】

（1）【 badminton / I / play / can 】well.

（私はじょうずにバドミントンをすることができます。）

□ □ □ □ well.

（2）【 ride / can / a / I 】unicycle.　　　　（私は一輪車に乗ることができます。）

□ □ □ □ unicycle.

（3）【 paint / can / pictures / I 】well.　（私はじょうずに絵をかくことができます。）

□ □ □ □ well.

🔊 ❸ , ❹ を解き終えたら，音声を聞いて確認しましょう。

「～できる」の文
You can ～.

🔊 ❶ 英語と日本語を聞きましょう。 英語をまねして言ったあと， ☐の中の英語をなぞりましょう。　【なぞって8点】

I can run fast. → STEP 37

私は ・ 走ることができる ・ 速く　　　（私は速く走ることができます。）

He can jump high.

彼は ・ とぶことができる ・ 高く

（彼は高くとぶことができます。）

◆ 「～することができます」というとき，I「私」以外（You「あなた・あなたたち」，He「彼」，She「彼女」，We「私たち」，They「彼ら」）が主語の場合も，主語の後ろに can を置いてあらわします。

🔊 ❷ 音声を聞いて，まねして言ったあと， ☐の中の英語を書きましょう。【1問8点】

(1) You can swim well.

あなたは ・ 泳ぐことができる ・ じょうずに　（あなたはじょうずに泳ぐことができます。）

(2) She drive a car.

彼女は ・ ～を運転することができる ・ 車　（彼女は車を運転することができます。）

(3) They play soccer well.

彼らは ・ ～をすることができる ・ サッカー ・ じょうずに

（彼らはサッカーをじょうずにすることができます。）

(4) We sing well.

私たちは ・ 歌うことができる ・ じょうずに　（私たちはじょうずに歌うことができます。）

単語・熟語 jump：とぶ・ジャンプする／high：高く

◆ 「〜することができる」というときは，主語がⅠ以外でも，can の後ろに一般動詞のもとの形を置く。

月　　日　　／100

答えは別冊 16 ページ

③ 下の　　　から英語を選んで□に書き，英文を完成させましょう。　【1問10点】

（1）あなたは・〜を作ることができる・ケーキ・じょうずに

（あなたはじょうずにケーキを作ることができます。）

You ☐ make a cake well.

（2）彼女は・〜を話すことができる・英語　　　　（彼女は英語を話すことができます。）

She ☐ ☐ English.

（3）彼らは・〜することができる・野球・じょうずに　（彼らはじょうずに野球をすることができます。）

They ☐ ☐ baseball well.

can / speaks / play / plays / speak

④ 次の語を並べかえて□に書き，英文を作りましょう。　【1問10点】

（1）【 can / sing / we 】well.　　　　（私たちはじょうずに歌うことができます。）

☐ ☐ ☐ well.

（2）【 Japanese / can / they / speak 】.　　（彼らは日本語を話すことができます。）

☐ ☐ ☐ ☐ .

（3）【 jump / can / high / she 】.　　　（彼女は高くとぶことができます。）

☐ ☐ ☐ ☐ .

◀)) ③，④ を解き終えたら，音声を聞いて確認しましょう。

確認テスト⑲

🔊 **①** 音声を聞いて，内容と合う絵を選び，○を書きましょう。　　　【1問8点】

（1）　　　　　　〔　　　〕　　　　　　　　　　　　〔　　　〕

（2）　　　　　　〔　　　〕　　　　　　　　　　　　〔　　　〕

（3）　　　　　　〔　　　〕　　　　　　　　　　　　〔　　　〕

② 次の日本文に合うように，（　）内から正しい語(句)を選んで○を書きましょう。

【1問8点】

（1）私たちはじょうずに歌うことができます。　　We（ can / can sing ）well.

（2）あなたは車を運転することができます。　　（ You can / You can play ）drive a car.

（3）彼は速く走ることができます。　　He can（ run / runs ）fast.

◆ I can ～.「私は～することができます。」
　You can ～.「あなたは～することができます。」

月　　日　　／100

答えは別冊 16・17 ページ

❸ 次の日本文に合うように，下の　　　から英語を選んで□に書き，英文を完成させましょう。　　　　　　　　　　　　　【1問8点】

（1）私は英語を話すことができます。

speak English.

（2）彼女は速く走ることができます。

run fast.

（3）私たちはじょうずに野球をすることができます。

We　　　　　　　　　　baseball well.

（4）ケンはじょうずに歌うことができます。

Ken　　　　　　　　　well.

I / she / sing / can / play / sings / plays

❹ 次のせりふの＿＿の部分を英語で書きましょう。　　　　　　【1問10点】

（1）私の名前はマイケルです。
私は日本語を話すことができます。

Japanese.

（2）私の名前はアキナです。
私はピアノをひくことができます。

the piano.

STEP 39 「～できる」の文
I can't ～.

🔊 **1** 英語と日本語を聞きましょう。英語をまねして言ったあと、☐の中の英語
をなぞりましょう。　　　　　　　　　　　　　　　　　【なぞって8点】

I can ride a unicycle. →STEP 37
私は ・～に乗ることができる ・ 一輪車

（私は一輪車に乗ることができます。）

I can't ride a unicycle.
私は ・～に乗ることができない ・ 一輪車

（私は一輪車に乗ることができません。）

◆ 「～することができません。」はI can't～.など、主語の後ろにcan'tを置いてあらわします。
◆ can't は cannot を短くした形で[キャント]と発音します。
◆ can't の後ろには一般動詞のもとの形を置きます。

🔊 **2** 音声を聞いて、まねして言ったあと、☐の中の英語を書きましょう。【1問8点】

(1) I can't run fast.
私は・走ることができない・速く　　（私は速く走ることができません。）

(2) speak English.
私は・～を話すことができない・英語（私は英語を話すことができません。）

(3) Emi jump high.
エミは・とぶことができない・高く　（エミは高くとぶことができません。）

(4) He play baseball well.
彼は・～をすることができない・野球・じょうずに

（彼はじょうずに野球をすることができません。）

③ 下の　　から英語を選んで□に書き，英文を完成させましょう。　【1問 10 点】

（1）私は・おどることができない・じょうずに　　（私はじょうずにおどることができません。）

I ⬚ ⬚ well.

（2）彼女は・泳ぐことができない・じょうずに　　（彼女はじょうずに泳ぐことができません。）

She ⬚ ⬚ well.

（3）私の母は・～を作ることができない・ケーキ　　（私の母はケーキを作ることができません。）

My mother ⬚ ⬚ a cake.

（4）ケンは・～を話すことができない・日本語　　（ケンは日本語を話すことができません。）

Ken ⬚ ⬚ Japanese.

dance / swim / can / speak / make / can't

④ 次の語を並べかえて□に書き，英文を作りましょう。　【1問 10 点】

（1）【 You / drive / can't 】a car.　　（あなたは車を運転することができません。）

⬚ ⬚ ⬚ a car.

（2）【 speak / can't / English / I 】.　　（私は英語を話すことができません。）

⬚ ⬚ ⬚ .

🔊 ③，④ を解き終えたら，音声を聞いて確認しましょう。

「〜できる」の文
Can you 〜?

🔊 **①** 英語と日本語を聞きましょう。英語をまねして言ったあと、☐の中の英語をなぞりましょう。　【なぞって8点】

Can you sing the song?
　？　・　あなたは・歌うことができる　・　その歌

— Yes, I can. / No, I can't.
　はい　・　私は　・　できる　　／　　いいえ　・　私は　・　できない

（あなたはその歌を歌うことができますか。）

（はい、私はできます。／いいえ、私はできません。）

◆ 「〜することができますか。」とたずねるときは、**Can you 〜?** のように Can を主語の前に置いてあらわします。

◆ you の後ろには一般動詞のもとの形を置きます。

◆ **Can you 〜?** でたずねられたら、**Yes, I can. / No, I can't.** と答えます。

🔊 **②** 音声を聞いて、まねして言ったあと、☐の中の英語を書きましょう。【1問8点】

(1) Can you jump high?

？・あなたは・とぶことができる・高く（あなたは高くとぶことができますか。）

(2) Can speak English?

？・あなたは・〜を話すことができる・英語（あなたは英語を話すことができますか。）

(3) Aki make a cake?

？・アキは・〜を作ることができる・ケーキ（アキはケーキを作ることができますか。）

(4) run fast?

？・彼は・走ることができる・速く　（彼は速く走ることができますか。）

◆ 「あなたは～することができますか。」とたずねるときは
Can you ～? であらわす。

月　　日　　／100

答えは別冊 17 ページ

❸ 下の　　から英語を選んで□に書き，英文を完成させましょう。　【1問 10 点】

（1）？・あなたは・泳ぐことができる　　　　　　　　　（あなたは泳ぐことができますか。）

□ you swim?

（2）〔(1) に答えて〕はい・私は・できる　　　　　　　　　　　　（はい，できます。）

Yes, I □ .

（3）〔(1) に答えて〕いいえ・私は・できない　　　　　　　　　　　（いいえ，できません。）

No, I □ .

can't / can

❹ 次の絵に合う英文になるように，（　）内から正しい語を選んで○を書きましょう。
【1問 10 点】

（1） Can you （ ride / rides ） a bicycle?

（2） 〔(1) に答えて〕— Yes, I （ can / can't ）.

（3） 〔(1) に答えて〕— No, I （ can / can't ）.

🔊 ❸，❹ を解き終えたら，音声を聞いて確認しましょう。

確認テスト⑳

🔊 ❶ 音声を聞いて，（　）内から正しい語(句)を選んで○を書きましょう。【1問5点】

(1) I （ can / can swim ） well.

(2) She can't （ jump / jumps ） high.

(3) I （ can / can't ） dance well.

(4) He can （ sing / sings ） well.

(5) My sister （ can / can play ） tennis well.

(6) （ Can / Can you ） ride a unicycle?

(7) She （ can / can't ） cook well.

(8) I （ can / can run ） fast.

(9) Brian can （ play / plays ） soccer well.

(10) （ Can / Do ） you make a cake?

(11) He （ can / can't ） dance well.

(12) Can （ you / you cook ） curry?

◆ I can't ～.「私は～することができません。」
Can you ～?「あなたは～することができますか。」

月　　日　　／100

答えは別冊 17・18 ページ

2 次の日本文に合うように，下の　　　から英語を選んで□に書き，英文を完成させましょう。　　　　　　　　　　　　　　　　　　　　　　　　　【1問 5 点】

（1）私たちはじょうずに野球をすることができます。

We ☐ play baseball well.

（2）あなたは英語を話すことができますか。

☐ you speak English?

（3）彼らはじょうずに歌うことができます。

They ☐ sing well.

（4）私は泳ぐことができません。

I ☐ swim.

can't / I / can / you

3 次のせりふを英語で書きましょう。　　　　　　　　　　　　　【1問 5 点】

（1）

①あなたは漢字を読むことができますか。

②いいえ、できません。

① ☐ ☐ read kanji?

② ☐ , ☐ .

（2）

①あなたはギターをひくことができますか。

②はい、できます。

① ☐ ☐ ☐ the guitar?

② ☐ , ☐ .

まとめテスト（３）

🔊 ❶ 音声を聞いて，（ ）内から正しい語(句)を選んで○を書きましょう。【1問5点】

(1) （ Can ／ Can you ） play tennis? — Yes, I can.

(2) She can （ run ／ runs ） fast.

(3) I （ can ／ can't ） swim fast.

(4) We （ can speak ／ can't speak ） English.

(5) Can （ you ／ you play ） soccer well? — No, I can't.

(6) They （ can't ／ can ） sing well.

❷ 次の絵と日本文に合うように，□に英語を書き，英文を完成させましょう。

【1問6点】

(1) あなたはじょうずに歌うことができますか。

　　　　　　　 sing well?

(2) 〔(1)に答えて〕はい，私はできます。

Yes, ⬚ ⬚ .

(3) 〔(1)に答えて〕いいえ，私はできません。

⬚ ， ⬚ ⬚ .

◆ can(〜できる)の文

月　　日　　／100

答えは別冊 18 ページ

3 次の日本文に合うように，下の ▨▨▨ から英語を選んで □ に書き，英文を完成させましょう。　【1問8点】

(1) あなたは野球をじょうずにすることができますか。

░░░░░ ░░░░░ play baseball well?

(2) 〔(1)に答えて〕いいえ，できません。

No, ░░░░░ ░░░░░ .

(3) 彼女は速く泳ぐことができます。

She ░░░░░ swim fast.

(4) 私たちは英語をじょうずに話すことができません。

We ░░░░░ speak English well.

can't / I / can / you

4 絵の場所でできることを，□ から選んで書きましょう。　【1問10点】

(1)

(2)

We can see koalas.
We can buy flowers.

「〜しなさい」の文
「〜しなさい。」「〜しましょう。」

🔊 **1** 英語と日本語を聞きましょう。英語をまねして言ったあと，□ の中の英語
をなぞりましょう。　　　　　　　　　　　　　　　　　【なぞって8点】

You close the door. →STEP2
あなたは　・　〜を閉める　・　（その）ドア　（あなたは（その）ドアを閉めます。）

Close the door.
〜を閉めなさい　・　（その）ドア　　　　　　　（（その）ドアを閉めなさい。）

Let's eat lunch.
〜を食べましょう　・　昼食　　　　　　　　　（昼食を食べましょう。）

◆ 「〜しなさい。」と相手に何かを命令するときは，主語を置かずに，動詞から文を始めます。

◆ 「〜しましょう。」と相手に何かをいっしょにすることを提案するときは，Let's で文を始め，Let's の後ろに動詞のもとの形を置きます。Let's のあとに主語は置きません。

◆ 文頭に Please をつけると，「〜してください」とお願いする文になります。文末に〜, please. と置くこともあります。

🔊 **2** 音声を聞いて，まねして言ったあと，□ の中の英語を書きましょう。
【1問8点】

(1) Open the window.
〜を開けなさい・（その）窓　　　　　（（その）窓を開けなさい。）

(2) Let's go to the zoo.
行きましょう・（その）動物園へ　　　（（その）動物園へ行きましょう。）

(3) Study English hard.
〜を勉強しなさい・英語・一生けんめいに　（一生けんめいに英語を勉強しなさい。）

(4) clean our classroom.
〜をそうじしましょう・私たちの教室　　（私たちの教室をそうじしましょう。）

▶ **単語・熟語** close：〜を閉める／ door：ドア・とびら／ Let's 〜：〜しましょう／
open：〜を開ける／ window：窓

◆ 「～しなさい」という文は動詞で始める。「～しましょう。」という文は〈Let's ＋動詞 ～.〉であらわす。

月　　日　　／100

答えは別冊 18 ページ

❸ 下の　　　から英語を選んで□に書き，英文を完成させましょう。　【1問 10 点】

（1）来なさい・私の家へ・放課後・今日　　　　　　　（今日の放課後私の家に来なさい。）

to my house after school today.

（2）～をしましょう・サッカー　　　　　　　　　　　　　（サッカーをしましょう。）

soccer.

（3）ねなさい　　　　　　　　　　　　　　　　　　　　　　　（ねなさい。）

to bed.

went / came / go / play / let's / come / played

❹ 次の語を並べかえて□に書き，英文を作りましょう。　【1問 10 点】

（1）【 your / do / homework 】.　　　　　　　　　（あなたの宿題をしなさい。）

（2）【 music / to / let's / listen 】.　　　　　　　　（音楽を聞きましょう。）

（3）Please【 the / wash / car 】.　　　　　　（（その）車を洗ってください。）

Please

🔊 ❸ , ❹ を解き終えたら，音声を聞いて確認しましょう。

単語・熟語　do：～をする／ homework：宿題

「〜しなさい」の文
Don't 〜.

🔊 **1** 英語と日本語を聞きましょう。英語をまねして言ったあと，□の中の英語
をなぞりましょう。　　　　　　　　　　　　　　　　　【なぞって8点】

 the door.

〜を開けて　・　（その）ドア　　　　　（（その）ドアを開けなさい。）

Don't open the door.

〜を開けないで　・　（その）ドア

（（その）ドアを開けないで。）

◆ 「〜しないで。」「〜してはいけません。」と，相手に何かの**動作を禁止**するときは，主語を置かず，Don't で文を始めます。

◆ **Don't の後ろには，動詞のもとの形を置きます。**

◆ 文頭に **Please** を置くと，Please don't open the door.「（その）ドアを開けないでください。」とお願いする文になります。文末に**〜, please.** と置いても同じです。

🔊 **2** 音声を聞いて，まねして言ったあと，□の中の英語を書きましょう。

【1問8点】

(1) Don't play soccer here.

〜をしないで・サッカー・ここで　　　（ここでサッカーをしないで。）

(2) Don't eat food here.

〜を食べないで・食べ物・ここで　　　（ここで食べ物を食べないで。）

(3) watch TV now.

〜を見ないで・テレビ・今　　　　　（今テレビを見ないで。）

(4) to music now.

聞かないで・音楽を・今　　　　　　（今音楽を聞かないで。）

❸ 下の　　　から英語を選んで□に書き，英文を完成させましょう。　　【1問10点】

（1）～を開けないで・(その)ドア　　　　　　　　　　　　　　　　　((その)ドアを開けないで。)

the door.

（2）～を話さないで・日本語・この授業で　　　　　　　　(この授業では日本語を話さないで。)

Japanese in this class.

（3）～を閉めないでください・(その)窓を　　　　　　　　((その)窓を閉めないでください。)

Please

the window.

not / open / don't / speak / close

❹ 次の語を並べかえて□に書き，英文を作りましょう。　　　　【1問10点】

（1）【 use / don't 】the computer .　　　　　　　　　((その)コンピュータを使わないで。)

the computer.

（2）【 take / don't / pictures 】here, please.　　　　(ここで写真をとらないでください。)

here, please.

（3）【 food / in / don't / eat 】this room.　　　　　(この部屋で食べ物を食べないで。)

this room.

🔊 ❸ , ❹ を解き終えたら, 音声を聞いて確認しましょう。

単語・熟語　take a picture：写真をとる

確認テスト㉑

🔊 **①** 音声を聞いて，内容と合う絵を選び，○を書きましょう。　　【1問8点】

(1)　　　　〔　　　〕　　　　　　　　〔　　　〕

(2)　　　　〔　　　〕　　　　　　　　〔　　　〕

(3)　　　　〔　　　〕　　　　　　　　〔　　　〕

② 次の日本文に合うように，（　）内から正しい語を選んで○を書きましょう。

【1問8点】

(1) ここで野球をしないで。　（ Don't / Not ）play baseball here.

(2) テレビを見ましょう。　（ We / Let's ）watch TV.

(3) そのコンピュータを使いなさい。　（ Use / Used ）the computer.

◆ 「〜しなさい。」「〜しましょう。」
「〜しないで。」の文

月　日　／100

答えは別冊18・19ページ

③ 次の日本文に合うように，下の　　から英語を選んで□に書き，英文を完成させましょう。 【1問8点】

(1) ここで走らないでください。

　　　　　　　　　　　　here, please.

(2) (その)ドアを開けなさい。

　　　　　　the door.

(3) ここで食べ物を食べないで。

　　　　　　　　　　food here.

(4) (その)公園へ行きましょう。

　　　　　　　　　　to the park.

run / not / go / open / don't / eat / let's

④ 次のせりふに合うように，下の□から英語を選んで□に書きましょう。 【1問10点】

(1)

あなたの部屋をそうじしなさい。

　　　　　　　　　　room.

(2)

昼食を食べましょう。

　　　　　　lunch.

let's / don't / clean / eat / your

ていねいな表現
Would you like ～?

◆) **1** 英語と日本語を聞きましょう。英語をまねして言ったあと，□の中の英語をなぞりましょう。　　　　　　　　　　　　　　　　【なぞって 8 点】

What do you like?
（あなたは何が好きですか。）

What would you like ?

何を？　　　　　　あなたは好みます

（何がよろしいですか。）

Would you like some coffee?

？・あなたは好みます　　　　　いくらかのコーヒー

（コーヒーはいかがですか。）

◆ **What would you like?**「何がよろしいですか。」は，相手がほしいものを**ていねいにたず
ねる表現**です。

◆ **Would you like ～?**「～はいかがですか。」は，相手に何かを**ていねいにすすめる表現**です。
後ろには相手にすすめるものの名前を置きます。答える時は Yes, please.「はい，お願
いします。」，No, thank you.「いいえ，けっこうです。」などといいます。

◆) **2** 音声を聞いて，まねして言ったあと，□の中の英語を書きましょう。【1問 10 点】

（1）　What would you like ?

何を？・あなたは好みます　　　　　　（何がよろしいですか。）

（2）　　　　　　　　　　　　　　　　　　　　　　？

何を？・あなたは好みます　　　　　　（何がよろしいですか。）

（3）　Would you like some tea?

？・あなたは好みます・いくらかの紅茶　　（紅茶はいかがですか。）

単語・熟語　What would you like?：何がよろしいですか。／ Would you like～?：～はいかがですか。
some：いくらかの／ coffee：コーヒー

◆ 「何がよろしいですか。」は What would you like?,
「〜はいかがですか。」は Would you like 〜? であらわす。

月　　日　　／100

答えは別冊 19 ページ

❸ 下の　　から英語を選んで□に書き，英文を完成させましょう。　【1問10点】

（1）何を？・あなたは好みます　　　　　　　　　　　　　　　（何がよろしいですか。）

What 　　　　　 you like?

（2）？・あなたは好みます・いくらかのコーヒー　　　　　（コーヒーはいかがですか。）

　　　　　 you 　　　　　 some coffee?

（3）〔(2)に答えて〕はい，お願いします。　　　　　　　　　（はい，お願いします。）

　　　　　, please.

（4）〔(2)に答えて〕いいえ，けっこうです。　　　　　　　　（いいえ，けっこうです。）

　　　　　, thank you.

no / like / would / you / what / yes

❹ 次の語を並べかえて□に書き，英文を作りましょう。　【1問11点】

（1）【 would / like / you / what 】?　　　　　　　　　（何がよろしいですか。）

　　　　　　　　　　　　　　　　　　?

（2）【 some / you / like / would 】coffee?　　　　　　（コーヒーはいかがですか。）

coffee?

🔊 ❸, ❹ を解き終えたら，音声を聞いて確認しましょう。

Would you like 〜?　**139**

ていねいな表現
I'd like 〜.

🔊 **1** 英語と日本語を聞きましょう。英語をまねして言ったあと，□の中の英語をなぞりましょう。

【なぞって8点】

 beef steak.

私は・〜が好きだ ・ ビーフステーキ （私はビーフステーキが好きです。）

 beef steak.

私は・ 〜をいただきたい ・ ビーフステーキ

（私はビーフステーキをいただきたいです。）

◆ I'd like 〜.「私は〜をいただきたいです。」という意味で，ほしいものをていねいに伝える表現です。I'd は I would を短くした形です。

◆ What would you like? とたずねられたら，I'd like 〜. で答えます。

🔊 **2** 音声を聞いて，まねして言ったあと，□の中の英語を書きましょう。

【1問8点】

(1) I'd like French fries.

私は・〜をいただきたい・フライドポテト

（私はフライドポテトをいただきたいです。）

(2) I'd like corn soup.

私は・〜をいただきたい・コーンスープ

（私はコーンスープをいただきたいです。）

(3) an omelet.

私は・〜をいただきたい・オムレツ

（私はオムレツをいただきたいです。）

(4) roast beef.

私は・〜をいただきたい・ローストビーフ

（私はローストビーフをいただきたいです。）

単語・熟語 beef steak：ビーフステーキ／French fries：フライドポテト
corn soup：コーンスープ／omelet：オムレツ／roast beef：ローストビーフ

❸ 下の　　から英語を選んで□に書き，英文を完成させましょう。　【1問10点】

（1）私は・〜をいただきたい・サンドイッチ　　　（私はサンドイッチをいただきたいです。）

like a sandwich.

（2）私は・〜をいただきたい・パンケーキ　　　（私はパンケーキをいただきたいです。）

pancakes.

（3）私は・〜をいただきたい・ホットドッグ　　　（私はホットドッグをいただきたいです。）

a hot dog.

I / like / I'd

❹ 次の語を並べかえて□に書き，英文を作りましょう。　【1問10点】

（1）【 like / I'd / beef / steak 】.　　　（私はビーフステーキをいただきたいです。）

（2）【 I'd / salad / like 】.　　　（私はサラダをいただきたいです。）

（3）【 curry / I'd / like / and 】rice.　　　（私はカレーライスをいただきたいです。）

rice.

🔊 ❸，❹ を解き終えたら，音声を聞いて確認しましょう。

単語・熟語　sandwich：サンドイッチ／ pancake：パンケーキ／ hot dog：ホットドッグ

ていねいな表現
確認テスト㉒

🔊 ❶ 音声を聞いて，（　）内から正しい語(句)を選んで○を書きましょう。【1問5点】

(1) What （ do / would ） you like?

(2) （ I / I'd ） like salad.

(3) （ Would / Do ） you like some tea?

(4) What （ would / would you ） like?

(5) （ I / I'd like ） a pizza.

(6) （ Would you / Would ） like some coffee?

(7) What （ would / do ） you like?

(8) （ Would / Did ） you like beef steak?

(9) （ I / I'd ） like an omelet.

(10) What （ do / would ） you like?

(11) （ I / I'd ） like curry and rice.

(12) What would （ you / you like ）?

◆ 「何がよろしいですか。」「～はいかがですか。」
　I'd like ～.「私は～をいただきたいです。」

月　　日　　／100

答えは別冊 19・20 ページ

② 次の日本文に合うように，下の　　　から英語を選んで□に書き，英文を完成させましょう。　　　　　　　　　【1問 7 点】

（1）何がよろしいですか。

What _____ you like?

（2）私はカレーライスをいただきたいです。

_____ like curry and rice.

（3）紅茶はいかがですか。

_____ you like some tea?

（4）はい，お願いします。

Yes, _____.

like / would / I'd / you / please

③ 次のせりふを英語で書きましょう。　　　　　　　　　【1問 6 点】

（1）

何がよろしいですか。

_____ _____ you like?

（2）

サラダをいただきたいです。

_____ _____ salad.

まとめテスト（4）

🔊 **1** 音声を聞いて，（　）内から正しい語(句)を選んで○を書きましょう。【1問4点】

(1) Let's （ go / went) to the park this Sunday.

(2) （ What / What would) you like? ― I'd like curry and rice.

(3) （ Close / Closes) the door.

(4) （ I'd / I'd like) beef steak.

(5) （ No / Don't) take pictures here.

🔊 **2** 音声を聞いて，□に合う英語を書き，英文を完成させましょう。【1問10点】

(1) ⬚⬚⬚⬚ visit the zoo.

（その動物園を訪れましょう。）

(2) ⬚⬚⬚⬚ the door.

（そのドアを開けなさい。）

(3) ⬚⬚⬚⬚ English hard.

（一生けんめい英語を勉強しなさい。）

◆ 命令文，ていねいな表現のまとめ

月　　日　　／100

答えは別冊 20 ページ

3 次の絵と日本文に合うように，□に英語を書き，英文を完成させましょう。

【1問10点】

(1) その窓を開けないで。

_____ _____ the window.

(2) 何がよろしいでしょうか。

_____ would you _____ ?

(3) 私はカレーライスをいただきたいです。

I'd _____ curry and rice.

4 次のせりふの___の部分を英語で書きましょう。

【1問10点】

(1)

コーヒーはいかがですか。

Would _____ _____ some coffee?

(2)

博物館へ行きましょう。

Let's _____ _____ the museum.

仕上げテスト①

🔊 ❶ 音声を聞いて，（　）内から正しい語を選んで○を書きましょう。　【1問5点】

(1)（ What / What's ）your name? — My name is Tom.

(2) What would you like? — （ I / I'd ）like beef steak.

(3)（ Study / Studies ）English every day.

(4) I （ clean / cleaned ）my room yesterday.

(5) She （ is / was ）my teacher last year.

❷ 次の文を，日本文に合うように書きかえるとき，□に正しい英語を書き，英文を完成させましょう。　【1問10点】

(1) 私は大阪に行きました。
　　I go to Osaka.

I ⬚ to Osaka.

(2) 彼女はピアノをひくことができます。
　　She plays the piano.

She ⬚ ⬚ the piano.

(3) そのドアを開けないで。
　　You open the door.

⬚ ⬚ the door.

答えは別冊 20 ページ

3 下の［　］から英語を選んで□に書き，AとBの対話を完成させましょう。

【1問10点】

(1) A ＿＿ ＿＿ is it now?

（今，何時ですか。）

B It is three o'clock now.（今は3時です。）

(2) A ＿＿ ＿＿ pens do you have?

（あなたはペンを何本持っていますか。）

B I have ten pens.（私は10本のペンを持っています。）

(3) A Can you run fast?

（あなたは速く走ることができますか。）

B No, ＿＿ ＿＿.

（いいえ，私はできません。）

how / much / what / I / time / can't / many

4 次の日本文に合うように，語を並べかえて□に書き，英文を完成させましょう。

【1問5点】

(1) あなたは何がほしいですか。【 you / do / want / what 】?

＿＿ ＿＿ ＿＿ ＿＿?

(2) 彼らは私の友だちでした。【 were / they / friends / my 】.

＿＿ ＿＿ ＿＿ ＿＿.

(3) 音楽を聞きましょう。【 to / let's / music / listen 】.

＿＿ ＿＿ ＿＿ ＿＿.

仕上げテスト②

🔊 ❶ 音声を聞いて，（　）内から正しい語を選んで○を書きましょう。　【1問4点】

（1）（ Where ／ What ） is the zoo?

（2）（ Would ／ Do ） you like some coffee?

（3）I（ went ／ came ） to Tokyo last year.

（4）（ Did ／ Can ） he talk with Mary today?

（5）（ Don't ／ No ） speak Japanese in this class.

❷ 次の絵と日本文に合うように，下の◾◾◾から英語を選んで□に書き，英文を完成させましょう。　【1問10点】

（1）この自転車はいくらですか。

　　　　　　　　　　　　　　　is this bike?

（2）私は納豆を食べることができません。

I　　　　　　　　　　　　natto.

（3）あなたは算数を勉強しましたか。

　　　　　you　　　　　　math?

can't / did / much / study / eat / how

③ 次の文を，日本文に合うように書きかえるとき，□に正しい英語を書き，英文を完成させましょう。　　　　　　　　　　　　　　　　　【1問 10 点】

(1) 彼らはじょうずに歌うことができます。

They sing well.

They ＿＿＿ ＿＿＿ well.

(2) あなたは医師でしたか。

Are you a doctor?

＿＿＿ ＿＿＿ a doctor?

(3) 私は自分の部屋をそうじしませんでした。

I cleaned my room.

I ＿＿＿ ＿＿＿ my room.

④ 次の語を並べかえて□に書き，英文を作りましょう。　　　　　　　　【1問 5 点】

(1) 【 is / what / song 】 this?　　　　　　　　（これは何の歌ですか。）

＿＿＿ ＿＿＿ ＿＿＿ this?

(2) 【 like / you / why / do 】 sports?　　　（なぜあなたはスポーツが好きなのですか。）

＿＿＿ ＿＿＿ ＿＿＿ ＿＿＿ sports?

(3) 【 teacher / wasn't / I / a 】.　　　　　　（私は教師ではありませんでした。）

＿＿＿ ＿＿＿ ＿＿＿ ＿＿＿.

(4) 【 you / do / what / want 】 to be?　　　（あなたは何になりたいですか。）

＿＿＿ ＿＿＿ ＿＿＿ ＿＿＿ to be?

仕上げテスト③

🔊 ❶ 音声を聞いて，（　）内から正しい語を選んで○を書きましょう。　【1問4点】

（1）She can't （ swim / swims) fast.

（2）How many （ brother / brothers) do you have?
　　 — I have two brothers.

（3）（ Were / Was) he free today?

（4）I (don't / didn't) see Tom yesterday.

（5）Let's (play / plays) baseball.

❷ 次のメモと絵を見て，□に合う英語を下の　　　から選んで書きましょう。
【1問10点】

私は姉と公園へ行った。
私たちはテニスをした。
私たちはつかれた。

（1）I　　　　　　to the park with my sister.

（2）We　　　　　　tennis.

（3）We　　　　　　tired.

were / went / played

❸ 下の ░░░ から英語を選んで □ に書き，AとBの対話を完成させましょう。

【1問10点】

(1) A _____ _____ this?

B It is a guitar.

(2) A _____ _____ you like?

B I'd like corn soup.

(3) A _____ you busy yesterday?

B No, I _____ .

were / is / what / wasn't / would

❹ 次の語を並べかえて □ に書き，英文を作りましょう。 【1問5点】

(1)【 are / you / how 】? （あなたの調子はどうですか。）

_____ _____ _____ ?

(2)【 high / you / jump / can 】? （あなたは高くとぶことができますか。）

_____ _____ _____ _____ ?

(3)【 you / TV / did / watch 】today? （あなたは今日テレビを見ましたか。）

_____ _____ _____ _____ today?

(4)【 food / don't / in / eat 】this room. （この部屋で食べ物を食べないで。）

_____ _____ _____ _____ this room.

What/Who/Where/When/Howで始まる文

whatやwhoなどを「疑問詞」といいます。文の初めに置いて使います。
疑問詞のあとは,ふつうの疑問文の順番です。

疑問詞	意味	例　文	例文の意味	
what	何	What is this? 　– It is <u>a violin.</u>	〔これは何ですか。〕 〔−それは バイオリンです。〕	STEP 3
	何	What do you like? 　– I like <u>apples.</u>	〔あなたは何が好き ですか。〕 〔−私はリンゴが好き です。〕	STEP 7
	何の・ どんな〜	What animal do you like? 　– I like <u>dogs.</u>	〔あなたはどんな動物が 好きですか。〕 〔−私は犬が好きです。〕	STEP 8
where	どこに[で]	Where are you? 　– I'm in the <u>kitchen.</u>	〔あなたはどこに いますか。〕 〔−私は台所にいます。〕	STEP 9
	どこに[で]	Where do you play soccer? 　– I play <u>in the park.</u>	〔あなたはどこで サッカーをしますか。〕 〔−私は公園でします。〕	STEP 10
when	いつ	When is your birthday? 　– It's <u>May 5th</u>(fifth).	〔あなたの誕生日は いつですか。〕 〔−5月5日です。〕	STEP 11
who	だれ	Who are they? 　– They are <u>my family.</u>	〔彼らはだれですか。〕 〔−彼らは私の 家族です。〕	STEP 12
why	なぜ	Why do you study hard? 　– I want to be a teacher.	〔あなたはなぜ一生けんめい 勉強するのですか。〕 〔−私は教師に なりたいのです。〕	STEP 16
how	どんな	How are you? 　– I am <u>fine.</u>	〔お元気ですか。〕 〔−私は元気です。〕	STEP 13
	どのように	How do you go to the station? 　– I go to there <u>by bus.</u>	〔あなたはどのようにして 駅へ行きますか。〕 〔−私はそこへバスで 行きます。〕	STEP 14

まとめて覚えよう

疑問詞	意味	例　文	例文の意味	
What time	何時	What time is it now? 　– It's 7:30 (seven thirty).	〔今何時ですか。〕 〔–7時30分です。〕	STEP 6
What day	何曜日	What day is it today? 　– It's Monday.	〔今日は 何曜日ですか。〕 〔–月曜日です。〕	STEP 6
How much	いくつ(量)/ いくら(値段)	How much is it? 　– It's 1,000yen.	〔それは いくらですか。〕 〔–それは 1,000円です。〕	STEP 15
How many	いくつ(数)	How many pencils do you have? 　– I have five pencils.	〔あなたはえんぴつを 何本持っていますか。〕 〔–私はえんぴつを 5本持っています。〕	STEP 15

◆be動詞の文

					例文の意味	
ふつうの文		This	is	a violin.	〔これはバイオリンです。〕	
疑問文	Is	this		a violin?	〔これは バイオリンですか。〕	STEP 1
答え方	-Yes, -No,	it it	is. is	not.	〔–はい,そうです。〕 〔–いいえ,ちがいます。〕	
疑問詞 疑問文	What	is	this?		〔これは何ですか。〕	STEP 3
答え方		– It	is	a violin.	〔–それは バイオリンです。〕	

it's[It's]

◆一般動詞の文

					例文の意味	
ふつうの文		You	like	apples.	〔あなたはリンゴが 好きです。〕	
疑問文	Do	you	like	apples?	〔あなたはリンゴが 好きですか。〕	STEP 1
答え方	-Yes, -No,	I I	do. do	not.	〔–はい,好きです。〕 〔–いいえ, 好きではありません。〕	
疑問詞 疑問文	What	do	you	like?	〔あなたは何が 好きですか。〕	STEP 7
答え方		– I	like	apples.	〔–私はリンゴが 好きです。〕	

don't

一般動詞　過去の文

◆過去形の作り方のルール

ふつうの動詞▶最後にedをつける。	play ▶ played ／ want ▶ wanted
eで終わる動詞▶最後にdをつける。	like ▶ liked ／ live ▶ lived
▶yをiに変えてedをつける。	study ▶ studied ／ try ▶ tried
▶最後の文字を重ねてedをつける。	stop ▶ stopped

◆過去形の否定文・疑問文

ふつうの文		I		studied	English.	〔私は英語を勉強しました。〕
否定文		I	did not	study	English.	〔私は英語を勉強しませんでした。〕 → STEP32
疑問文	Did	you		study	English?	〔あなたは英語を勉強しましたか。〕
答え方		-Yes, I		did.		〔-はい, 勉強しました。〕 → STEP34
		-No, I		did not.		〔-いいえ, 勉強しませんでした。〕

did not を短くして didn't とあらわします。

be動詞の過去の文

◆be動詞の使い分け

主語	現在形	過去形
I	am	was
he / she / it / Ken など	is	was
you / we / they / Ken and Tom など	are	were

◆be動詞の過去の文　否定文と疑問文

ふつうの文		I	was	a student.	〔私は生徒でした。〕
否定文		I	<u>was</u> : <u>not</u>	a student.	〔私は生徒ではありませんでした。〕 → STEP 33
疑問文	Were	you		a student?	〔あなたは生徒でしたか。〕 → STEP 35
答え方		-Yes, I -No, I	was. <u>was　not.</u>		〔はい, 私は生徒でした。〕 〔いいえ, 私は生徒ではありませんでした。〕

was not を短くして wasn't とあらわします。

ふつうの文		He	was	angry.	〔彼はおこっていました。〕
否定文		He	<u>was</u> : <u>not</u>	angry.	〔彼はおこっていませんでした。〕
疑問文	Was	he		angry?	〔彼はおこっていましたか。〕
答え方		-Yes, he -No, he	was. <u>was　not.</u>		〔-はい, 彼はおこっていました。〕 〔-いいえ, 彼はおこっていませんでした。〕

ふつうの文		We	were	doctors.	〔私たちは医師でした。〕
否定文		We	were : not	doctors.	〔私たちは医師ではありませんでした。〕
疑問文	Were	you		doctors?	〔あなたたちは医師でしたか。〕
答え方		-Yes, we -No, we	were. were　not.		〔-はい, 私たちは医師でした。〕 〔-いいえ, 私たちは医師ではありませんでした。〕

can（〜することができる）の文

canは「**〜することができる**」とあらわす文でつかいます。
canの後ろには一般動詞を置きます。

ふつうの文		I		dance	well.	〔私はじょうずに おどります。〕 → STEP 1
		I	can	dance	well.	〔私はじょうずに おどることが できます。〕 → STEP 37
		You	can	dance	well.	〔あなたはじょうずに おどることが できます。〕 → STEP 38
		He	can	dance	well.	〔彼はじょうずに おどることが できます。〕 → STEP 38
否定文		I	can not	dance	well.	〔私はじょうずに おどることが できません。〕 → STEP 39
		He	can not	dance	well.	〔彼はじょうずに おどることが できません。〕 → STEP 39
疑問文	Can	you		dance	well?	〔あなたはじょうずに おどることが できますか。〕 → STEP 40
答え方	-Yes,	I		can.		〔-はい，できます。〕
	-No,	I		can not.		〔-いいえ，できません。〕

can not を短くして can't とあらわします。

そのほかの文

◆ ていねいな文

「何がよろしいですか」とたずねるときは What would you like? といいます。
「～はいかがですか」とたずねるときは Would you like ～? といいます。
「私は～をいただきたいです」と答えるときは I'd like ～. といいます。

What would you like?	〔何がよろしいですか。〕
Would you like some coffee?	〔コーヒーはいかがですか。〕
I'd like beef steak.	〔私はビーフステーキをいただきたいです。〕

◆ 「～しなさい」「～しましょう」「～しないで」の文

「～しなさい」というときは,主語を置かずに動詞から文を始めます。
「～しましょう」と提案するときは Let's で文を始め,すぐあとに動詞を置きます。
「～しないで」と禁止するときは Don't で文を始め,すぐあとに動詞を置きます。

Close the door.	〔そのドアを閉めなさい。〕
Open the window.	〔その窓を開けなさい。〕
Let's eat lunch.	〔昼食を食べましょう。〕
Let's go to the zoo.	〔動物園に行きましょう。〕
Don't open the door.	〔そのドアを開けないでください。〕
Don't watch TV now.	〔今テレビを見ないでください。〕

不規則に変化する動詞の過去形

動詞の中には，**過去形が不規則に変化**する語があります。
下の表を見て，確認しましょう。

現在形	過去形	現在形	過去形
am / is	was *	make (〜を作る)	made
are	were *	read (〜を読む)	read
buy (〜を買う)	bought	ride (〜に乗る)	rode
come (来る)	came *	run (走る)	ran
do (〜をする)	did	see (〜を見る)	saw *
drink (〜を飲む)	drank	sing (歌う)	sang
drive (〜を運転する)	drove	speak (〜を話す)	spoke
eat (〜を食べる)	ate *	swim (泳ぐ)	swam
go (行く)	went *	take (〜を持っていく)	took
have (〜を持っている)	had	teach (〜を教える)	taught
know (知っている)	knew	wear (〜を着ている)	wore

＊小学校で習うことの多い過去形です。